アカデミック・スキルズ

グループ学習入門
学びあう場づくりの技法

慶應義塾大学教養研究センター 監修
新井和広・坂倉杏介

慶應義塾大学出版会

はじめに

　本書は2006年に出版された『アカデミック・スキルズ——大学生のための知的技法入門』の姉妹編にあたる。おかげさまで『アカデミック・スキルズ』は好評を得て、現在まで版を重ねている。自分で問題を見つけ、調査を行い、考え、答えを導き出すというスキルに対する需要が高まっているとすれば、大変喜ばしいことである。本書は、『アカデミック・スキルズ』では十分取り上げることができなかった2つの部分、つまりグループ学習を通じて学生同士が互いに学び合うためにはどうすればいいのかという点と、論文を書くことに不安を抱いている時、どのような心構えで調査や執筆に臨めばいいのかという点に重点を置いている。

　『アカデミック・スキルズ』では、研究を行い、論文やプレゼンテーションの形で成果を公開することに主眼が置かれている。それは言わば「自習」のための教材とも言える。たとえば大学1～2年生向けのセミナーにおいて教員に指導を求めるとしても、それは教員と学生の間の1対1の関係である。しかし、大学で学ぶために必要なスキルを身につけたり、本格的に研究したりするためのセミナーの受講生が1人だけということはまずないだろう。多くの場合、受講生たちは興味や問題関心が違っても、同じ目的（たとえば論文を書く）を持っている。そういった仲間と過ごす時間をみすみす無駄にするのはもったいない。

　何かを生産する場合、複数の人間が協力して作業すると、生産性や品質が上がるのは常識だが、知的生産においても、みんなでアイデアを出し合うことによって、より良い知を創りだしていくことが可能になる。もちろん、ほとんどの学生は教師のようなスキルも知識も持ち合わせていないため、協力することによる可能性には限界があるだろう。しかし、学生には教師が持っていない利点がある。それは、学生でなければ分からない悩みを共有しているという点である。自分が壁にぶつかった時、ク

ラスの友人が何気なく言ったことが解決の糸口になることもある。しかし、同じ場所にいるというだけでは何も生み出すことはできないだろう。それではどうすればグループで学ぶ機会を活かすことができるのだろうか。それを書くことが本書の第1の目的である。

　第2の目的は、論文を書く際のストレスや困難にどのように対処すればいいのかを書くことである。論文を書く時に迷うことはいろいろある。書式が分からない、どのような構成で書けばいいのか分からない、そもそも論文とは何なのか分からない、などなどである。そのような悩みに答えてくれる、つまり「論文の書き方」について書かれている本は今や山のように出版されている。そして、どれもそれぞれ工夫されていて、ためになる。しかし、実際に学生を指導してみると、それらの本に書かれていることが実行できなくて試行錯誤したり悩んだりしている学生が多いことに気づく。大抵の「論文の書き方」についての本は、テーマ設定にしろ、調査の方法にしろ、到達点が示されていることがほとんどだからである。学生の中には、そのような理想の形と自分自身の落差に悩み、学ぶことをやめてしまうこともある。しかし、悩みを聞いてみると、実際は資料を探したり分析したりする能力が不足しているというよりは、適切なスケジュール管理ができていなかったり、孤立した状態で書いているため誰にも相談できなかったりすることが多い。だから、他の学生と悩みを共有することができれば、安心するとともに、お互い協力しながら自分のレベルを上げていこうという意欲が湧いてくる。本書はその手助けになることも目指している。

　本書の構成は以下の通りである。第1章ではグループ学習の効果について、基本的な事柄を確認している。第2章は実際にグループ学習をどのように進めればいいのかを、実例を挙げて説明している。第3章はグループ学習を行う際に情報技術（IT）をどのように利用すればいいのか、またはITに過度に頼るとどのような弊害があるのか、について述べている。第4章は、ディベートの準備を通じて、グループで問題を見つけ、調査を行い、論点をまとめ、それを試すという作業の実際を記述している。第5章はセミナーで論文を書く際、どのような心構えでいればいい

のか、どのように仲間との協力すればいいのかについて述べている。第6章は論文集として研究成果をまとめることについて説明している。第7章は、グループ作業を通じて得たスキルを、学習相談員やティーチング・アシスタントとして初学者に還元することの利点について説明している。

　本書はディベートをしたり、論文を書いたりすることは取り上げるが、そういった活動のガイドやマニュアルではない。紙幅の上限があり、細かな部分まで書くことができないという事情もあるが、何よりそういった本はすでにたくさん出版されているので、ここで屋上屋を架すようなことをしてもあまり意味がないと考えている。むしろ、そういった活動を行う際に遭遇する困難を和らげるための技術や心構えに重点を置いている。

　本書は、学生に加えて、セミナーで教育を行う教員に向けても書かれている。読んでいただくと分かる通り、同じ段落中でも学生に向けて書かれている文章と、教員に向けて書かれている文章が混在しているし、どちらに向けて書かれているのか分からない文章もある。実際のところ、筆者ら自身も執筆中に学生、教員どちらに向けて書いているのか分からなくなることが多々あった。その理由は、グループ作業をともなうセミナーでは、両者の間に境界を引くことが難しいからである。強いて言えば、本書が対象とするのは、教員、学生を問わず、クラスで教え合い、学び合う人ということになる。筆者がセミナーで教えている時にも学生同士、教員同士、それから学生と教員の間でお互い教え合うということが常に起こっていた。その成果は、本書の各所で活かされている。

　執筆にあたっては、慶應義塾大学教養研究センターが開設した少人数セミナー、「アカデミック・スキルズⅠ／Ⅱ」の2008年から2012年までの5年間にわたる授業での筆者らの経験を参考にした。当然のことながら、本書で書かれていることはひとつの例でしかない。グループ学習の方法や効果は大学や学部によってさまざまだろう。筆者らの経験や試行錯誤の成果が、さまざまな場所で行われている学びに少しでも役立てば、望外の喜びである。

　この本は多くの方々の有形・無形の協力によって出版が可能になった。

まずは、「アカデミック・スキルズ」というセミナーを実験授業として立ち上げ、10年にわたって継続させてきた慶應義塾大学教養研究センターの諸先生方、それからその授業に参加してくれた歴代の学生全てに感謝の意を表したい。成功したプレゼンテーションやディベート、完成した論文はもちろん、不本意な結果に終わったものについても、本書の執筆に大いに貢献してくれた。学生たちや教員の試行錯誤があるからこそ、他者への教訓が生まれるのである。また、第7章の執筆にあたっては、「アカデミック・スキルズ」で学んだ後、現在では学習相談員（ピア・メンター）として後輩の論文執筆の相談にのっている学生たちから話を聞いた。彼らにも感謝の意を表したい。

　最後になったが、「アカデミック・スキルズ」は極東証券株式会社の寄附講座であり、同社の協力なくしては本書が刊行されることもなかったことをここに記して深く感謝申し上げたい。また、授業を側面から支援してくださった慶應義塾大学教養研究センタースタッフの方々、同大学日吉メディアセンターのスタッフの方々、本書の刊行を実現してくださった慶應義塾大学出版会、編集と出版の実務にあたってくださった渡邉絵里子氏、授業を一緒に担当し、本書の草稿に有益なコメントをつけてくださった佐藤望さんにも心からの謝意を表したい。

　2013年3月

新井 和広
坂倉 杏介

Contents

はじめに…………………………………………………………… 3

第 1 章　グループ学習について知っておきたいこと …………… 9
1. グループ学習の効果とは？…………………………………… 10
2. グループのなかで個人が成長する要因……………………… 14
3. グループ学習を阻むもの……………………………………… 16
4. グループの成長を見極めるポイント………………………… 22

第 2 章　グループ学習の進め方 ………………………………… 33
1. グループの種類と分け方……………………………………… 34
2. グループ学習の基本的な流れ………………………………… 38
3. グループ学習の技法…………………………………………… 40

第 3 章　グループ学習と IT の利用 …………………………… 69
1. IT と学習・研究………………………………………………… 70
2. 人とつながる…………………………………………………… 71
3. 情報を共有する………………………………………………… 76
4. 注意すること…………………………………………………… 81

第 4 章　ディベートとグループ学習 …………………………… 85
1. ディベートの効果……………………………………………… 86
2. ディベートの形式……………………………………………… 88
3. スケジュールやテーマの決定………………………………… 90
4. ディベートの準備……………………………………………… 97
5. ディベートの本番……………………………………………… 101
6. ディベートから論文執筆へ…………………………………… 108

第 5 章　クラスで教えあう──論文執筆に向けて ………………… 111
　1．論文執筆のスケジュールづくり ………………………………… 112
　2．いい論文を書くためのポイント ………………………………… 118
　3．論文の構想や草稿の批評 ………………………………………… 122
　4．学びあう授業の構築 ……………………………………………… 128

第 6 章　成果を公開する──論文集の出版 …………………………… 131
　1．研究成果を公開するということ ………………………………… 132
　2．論文集の内容と出版の手順 ……………………………………… 135

第 7 章　学んだことを他人に伝える──ティーチング・スキルズへ… 151
　1．学生が学生に教えることの意味 ………………………………… 152
　2．学生が大学での指導に参加する方法 …………………………… 153
　3．学生が教えることの利点 ………………………………………… 155
　4．教えるときに気をつけること …………………………………… 158
　5．教育の実際 ………………………………………………………… 161
　6．制度を超えた「教えあい」へ …………………………………… 167

第 1 章
グループ学習について知っておきたいこと

大学の授業といえば、大教室で行われる講義形式の授業を思い起こす人が多いだろう。しかし近年では、多くの大学で少人数クラスが設置され、学生同士のグループによる学習が積極的に行われるようになっている。グループ学習とは、数名ずつのグループに分かれて課題に取り組む形式の学習で、クラスの全員が教員の講義を一方的に聞く一斉学習や、一人ひとりが単独で行う個人学習とは異なる学び方である。みなさんのなかにも、語学やセミナー形式の授業で、ディスカッションや調査発表といったグループ学習を経験したという人は少なからずいるはずだ。グループ学習にはグループ学習に特有の学習効果があり、特に初学者にとっては、大学での学び方を身につける上で非常に有益な経験になり得る。グループ学習に主体的に取り組み、その効果を十分に得ることができれば、学ぶ力を飛躍的に向上させることが可能である。しかし当然、そこには、個人で学習するのとは異なる難しさがある。レポートの書き方やプレゼンテーションの方法といった個人の学び方を指南する参考書は多くあるものの、残念ながら、グループ学習への効果的な取り組み方を教えてくれる教材はあまりない。高校までに、調べ学習やディベートを経験した学生はまだしも、大学入学後はじめてグループ学習を行うことになり、とまどう学生も多いのではないだろうか。小さなつまずきでグループ学習の機会を十分に活かせなくなってしまうのは、あまりにもったいない。本章ではまず、効果的なグループ学習のために知っておきたい基本的なことがらを紹介しよう。

1. グループ学習の効果とは？

　グループ学習には、一斉学習や個人学習では得られない特有の学習効果があると考えられている。その核心は、「グループのなかでの個人の成長」である。

グループのなかで個人が成長するとは、どのようなことだろうか。ひとつは、よく指摘されるように、共同作業のなかで培われるコミュニケーション力や協調性、リーダーシップといった人格の基盤となる人間力の醸成につながるという点である。それ以上に、大学において、特に大学に入りたての学生にとって重要なのは、他者との関係のなかでこそ「教養」が磨かれるという点である。

　このことは、1年目の学生のなかには、ピンとこない人もいるかもしれない。学びを、例えば予備校での学習のように、大学受験をパスするための能力を最大限に高めるための訓練と考えるなら、敢えて他人と協力して課題に取り組む必要は見当たらない。また、クラスで成績の順位を競い合うことが学習だと思っているのであればなおさら、なぜお互いに協力して学ばねばならないのか、理解に苦しむだろう。

　高校までの学習には、試験でより良い点を取る、他の生徒と比較してより早く正確に問題に答えるといった、試験対策や相対的な評価という価値観のもとでの学びが中心を占めていただろう。しかし大学では、全員が同じ問題を与えられ、それをより早くより正確に解くことを競うというかたちの学びはほとんどない。**大学生に求められる学びは、それぞれが独自の問いを発見し、自分の力で答えを導きだし、それを表現する**という、必ずしも正解や終わりがあるとは限らない、継続的で知的な営みである。そのとき求められるのは、単純な暗記や問題の解き方の習得ではなく、問いを立て論証するための幅広い基礎知識、理解力、洞察力、思考力、感性といった複合的な力である。これをここでは「教養」と呼ぶ。

　教養＝問いを立て論証する力を涵養（かんよう）するために、グループの学びが非常に有効なのである。教養は単純な能力ではなく、考え方や感じ方の幅の広さや深みである。それをのばしていくためには、自分の枠組みを組み替え、広げていかなければならない。様々な人とのディスカッションを重ね、他者の視点を知り、それを通じて知識や考え方の幅を広げ、自分に独自の洞察力や感性に気づくことのできるグループ学習は、教養を身につけていく絶好の機会といえる。

例えばクラスで、あるテーマについて調査し、問いを立て、それに答えるという発表を課題として与えられた場合を考えてみよう。個人よりも複数の学生が協力したほうが、集められるデータや論文の量は格段に増える。つまり、知識の幅が広がるということである。さらに、資料に基づく議論は多角的になり、深まるだろう。このとき、それまでの自分には思いもよらなかった視点や考え方に気づくことも多いはずだ。そして、クラスで発表する段階でも、協力して準備にあたることで充実したプレゼンテーションになる可能性が高い。このようにグループ学習では、一人ひとりが個別に調べ、発表するよりも質的に高い発表になるのみならず、一連の過程のなかで、他のメンバーの力を借りて一人ひとりの学びが生じる。思考し、論証する能力は、他者との議論のなかで実際に試してみなければ養われることはない。グループ学習は、個人が教養を育んでいくための経験を積み重ねていく場なのである。

　また、この過程には、他者から受け取るだけではなく、自分が他のメンバーの学びに協力するという局面が必ずある。自分が持っている知識や考え方を提供することで、他のメンバーの学びに寄与するという働きだ。**他者を活かす学び合いは、コミュニケーションについての学びの場でもある。**これが、グループのなかで個人が成長するという、もうひとつの意味である。

　コミュニケーション力というと、理解力やプレゼンテーション力といった個人的なスキルを思い浮かべる人も多いだろう。それらも大切な要素ではあるが、コミュニケーションとは本来、他者との関係性のなかで、その場に応じた行動や発言を適切に選択することである。それは単に「空気を読んで」周囲にあわせたり、会話を盛り上げたりということではない。グループの全体を見渡して、その時に必要と考えられるリーダーシップを発揮したり、他のメンバーを気遣ったり、また自分の持っている知識や視点から議論を進めたりといった具合に、**自分の力を他の全員のために適切に提供する能力**である。グループ学習は、こうした経験を積む場でもある。

　他のメンバーに自分の能力を提供することは、先に触れた教養とも無

関係ではない。教養の社会的側面を考えるなら、教養とは単なる知識ではなく、また個人に閉じた財産でもない。自分だけが利益を得るためではなく、社会全体に対して発揮されてこそ、教養は意味を持つ。つまり**教養は、時には自分に、時には他者に行動や判断の指針を示し、新しい社会を切り開いていく大きな原動力**なのである。少し先の話になるが、社会に出ると、自分の努力の結果としての成果を自分だけが独占的に得る、という働き方はほとんどないといってよい。多くの場合、自分の知識や思考力を発揮して、グループ（チームや会社、社会全体）の成果の最大化に貢献することが、翻って、自分の存在意義になる。これは外部からの評価を意味するのではなく、社会のなかでの自分の役割や存在を実感しながら生きるという、人間にとって自然で本来的な姿でもある。自らに独自の教養を育み、それを活かす力を持つことは、言い方をかえれば、社会に主体的に参加するための基本的な条件といっても言い過ぎではないだろう。こうした視点で考えれば、大学で求められる学びが、いかに高校までのそれとは質的に異なるのかがわかるはずだ。

　ここまで、グループのなかでの個人の成長という視点から、グループ学習の効果を説明してきた。**グループ学習は、個人が教養を育む場であるとともに、自分の身につけた知識や思考力を他のメンバーとの関係のなかで発揮する方法を学ぶ場**でもある。さらに言えば、他者と学び合う関係は、クラス内の関係だけにとどめておく必要はない。むしろ、ともに学び合い、助け合う仲間を広げていくことが、大学を豊かな学びの場にしていくために非常に重要なのである。グループ学習で得た体験をもとに、ぜひとも自分のまわりにともに学びあえる人間関係＝ラーニングコミュニティを積極的につくってみて欲しい。大学生活を豊かな学びの場に変え、卒業後も学び続ける力を身につけるために、グループ学習の体験は、直接的にも間接的にも有効なのである。

2. グループのなかで個人が成長する要因

　なぜグループのなかで個人が成長できるのか。この過程をもう少し詳しく考えてみよう。教養が豊かに養われるということは、思考の幅や深みが増すということである。グループ学習を通じて、それがどのように変化していくのだろうか。やや細かい説明になるが、「思考する」ということ自体を、他者や自分との関係のなかで考えて直してみることは、グループ学習の大切さをより深く理解するために有益であると考えられる。教育学者の佐藤学は、学びには「対象世界との対話」、「仲間との対話」、「自己との対話」の3つの要素が必要だという[1]。グループでの学びを、この3つの対話という軸から考えてみよう。

　まず、思考するということは、「私」が「何か」について考える、ということである。「私」という主体と、「何か」（教科書や研究テーマなど）という「対象世界」とのあいだの関係である、ということだ。例えば、イスラーム史の教科書を読んで学ぶということは、教科書の内容を理解し、考えるという対話に他ならない。

　グループ学習になると、ここにグループのメンバー（「仲間」）との関係が新たに生じる。他者と関わるためには、教科書の内容に加えて、他者の言葉に耳を傾け、その内容を理解し、自分の意見を伝えるという作業が生まれ、状況はより複雑になる。ここでは、先に述べたように、グループのなかで様々な視点が持ち寄られ、それを知ることで複眼的な思考が養われるということが起こる。

　さらに重要なことは、他者との関係のなかで自分を表現するためには、自分が何を理解し、どのように考えているのかをしっかりと知らなければならない、という点だ。すなわち「自己との対話」である。グループ

---

[1] 佐藤学『教師たちの挑戦――授業を創る、学びが変わる』東京：小学館、2003年。

では、一人で教科書を読んでいた時に比べて、より厳密に自己との対話が必要になる。なんとなくわかったような気になっただけでは、他のメンバーに自分の考えを明解に伝えることはできない。また、自分の考えを伝えるのが恥ずかしいとか、他のメンバーに自分の意見を認めてもらいたいとか、いろいろな気持ちも浮かんでくるかもしれない。こうしたことは誰にでも起きることであり、けっしてネガティブなことではないと覚えておいて欲しい。**自分がどう理解しているか、自分が他者とどう関わっているのかを知ることは、自分の思考が変化し発展するための大きなきっかけ**なのである。そして、「仲間」がいることで自然に、「自己」に向き合うことができるようになる。こうした相乗効果がグループに起きるからこそ、ディスカッションを通じて次第に自分の考えが明確になるということが起こるし、また、他の人とは異なる自分独自の洞察力や感性があることに改めて気づくことも可能となるのである。

　グループの学びは、先に説明したように、個人学習に比べて格段に複雑である。しかし、「仲間」や「自己」との対話を通じた一連の学習を経た後には、確実に、それまでとは違う自分になっているはずだ。再び別の学習対象のまえに立ったとき、それ以前とは異なる視点からの理解が生まれるだろう。思考する力が広く深くなれば当然、新しく見聞きする知識の受容の仕方も変わってくるからだ。様々な対話によって自らの思考力を深める術を身につけると、本の読み方も変わってくる。読書は、単なる情報収集ではなく、時代や地域を超えた著者との対話であるということが実感を持って理解できるようになるだろう。こうしたことを繰り返すことによって、幾重にも積み重なった多角的な思考力を養うことができるのである。

3. グループ学習を阻むもの

　グループ学習の効果を理解したとしても、何となく「グループ学習は面倒くさい」と感じている人もいるのではないだろうか。実際に、どんなグループ学習でも必ずうまくいくという保証はない。グループ学習は、メンバーが主体的に取り組むことが前提となるから、一人だけの努力で全てが解決できるとは限らないという難しさもある。できるだけうまく進められるように指導することが教員の役目であるが、グループがうまくいかない要因を自分たちで理解することも大切である。ここでは、筆者らの経験から、グループ学習を阻む代表的な要因をいくつか挙げてみよう。何かうまくいかないというときには、自分たちに当てはめて考えてみて欲しい。

● **グループにおける4つの不確定性**
　クラスは、複数の人間の集合である。しかも、ほとんどは初対面の学生同士ということが普通だろう。あらかじめ関係が決まっていない人同士の集まりでは、様々な思いが交錯し、結果的に「なんだか居心地が悪いな」という状態が生まれることがある。少人数のグループ学習でも同様に、最初はとまどうこともあるだろう。

　初対面の人同士がグループの対話を通じて人間関係を学ぶトレーニングの理論では、グループにはもともと4つの種類の不確定性があるといわれている[2]。つまり、とまどいが生じることは、ごく自然なことなのであり、むしろ、不確定な要素がどのように解消されていくかが重要なのである。この考え方は、クラスにも適応できる考え方である。**4つの**

---

[2] Gibb, Jack. "Climate for Trust Formation", In *T-group Theory and Laboratory Method: innovation in re-education*, pp.279–310. Ed. by Leland P. Bradford, Jack R. Gibb, Kenneth D. Benne. New York: Wiley and Sons, 1964.

不確定性とは、「受容」、「データ流動」、「目標」、「統制」に対する懸念である。クラスでのグループ学習に置き換えて、これらを説明しよう。

まず、**受容に対する懸念**とは、自分がこの場に受け入れられるかどうかという不安である。初対面の学生同士にはよく見られる現象で、他のメンバーがどのような人物であるか、どのような関心や期待を持って参加しているか、互いの学力に差があるかどうかなどがわからないため、信頼関係を築けるのかどうか不安になる。そのため、相手をまずは見定めたい、自分が受け容れられるのかどうかを見極めたいという意識が働き、お互いに「様子見状態」になってしまうことがある。

次に、**データ流動に対する懸念**は、どのような発言をし、行動するのがこの場にふさわしいのかという規範が定まらないことによる不安である。グループのなかで、思ったことをそのまま口に出してもよいのか、自分が正しく理解していることを証明（正解を述べる）すべきかという迷いを感じる人もいるだろう。また、どの程度自己開示をしてよいのかが把握できず、結果的に表層的なコミュニケーションに終始してしまうこともある。

さらに、**目標に対する懸念**とは、グループの目標や他のメンバーの意思がわからない不安である。目標がメンバーで共有されていなかったり、取り組む課題の意図が十分に理解できなかったりすると、主体的にグループへ参加することが難しくなり、「やらされ感」が生じる。また、「もしかするとみんなは、できるだけ手をかけずに課題をこなしたいと思っているのではないか」と勘ぐることで、自分は積極的に取り組みたいと思っていたとしても、素直に行動に移せなくなることがある。

最後に、**統制に対する懸念**とは、リーダーシップや役割分担が不明であるという懸念である。互いの役割が確定していない段階では、誰がその場をコントロールするのかわからず、それぞれがどのように主体性を発揮すればよいのか想像できない。教員に過度に頼りたいという意識が働いたり、指導への不満を持ったりする場合もあるだろう。一方、グループを形成する際に、できるだけ頼りになりそうな人のいるグループに入りたいという依存的な心理状態が生じることもある。

実際にこうしたとまどいを経験したことのある人は多いのではないだろうか。これらの懸念は、相互に絡み合っているために問題の所在が見えにくく、それぞれが意思を表明することを自己規制するように働くので、解消されるまでは気まずい雰囲気になることもある。だが、逆に言えば、**これらの懸念が解消されることによって、グループは成長しはじめる**ともいえる。メンバーが互いを深く知るようになれば、次第に信頼関係が生まれ、他者を仲間として受け容れ、また自分もグループに受け容れられているという実感が湧いてくる。すると、互いがどのように関係し合うかという規範が生まれ、開放的で自由なコミュニケーションが可能になる。グループの目的や他のメンバーの意思が明らかになってくることで、主体的、創造的にグループの活動に参加しやすくなり、その中からメンバー内に自発的な役割の分担が起こり、相互に援助的な行動をとることができるようになっていくのである。

　こうした懸念を解消しやすい場づくりをするために、グループ学習では、本題に入る前に、自己紹介やアイスブレイク（初対面の人同士のコミュニケーションを促進するためのプログラム）の時間を設けたり、目的や役割分担を明確にしたりするのである。自己紹介をするだけで、少し打ち解けた気分になったという経験のある人も多いはずだ。教員から指示されて取り組むケースもあるが、**グループ内で自発的に互いを知ったり、目標を確認したりしてみることも、よいグループをつくっていくために非常に重要なポイント**である。

● フリーライダー

　グループの全員が同じくらいの積極性を持って課題に取り組めるのが理想だが、大抵の場合は、メンバーのやる気や能力はまちまちである。よく用いられるたとえだが、仲間が集まってバーベキューをする場合、何も指示しなくても率先して準備を進めることができるのは10人のなかで2人だけ。6人は、何をしてよいかわからず右往左往している。つまり、指示待ちの状態である。そして最後の2人は、……何も手伝わずに、川で水遊びを始める。

グループ学習でも、その構図はあまり変わらない。何をすべきかがわかっており、リーダーシップを発揮できるのは、5人のうち1人。次の3人は、様子見。最後の1人は、やる気がない。
　やる気のない学生の存在をよしとすべきではないが、1人くらい問題のある学生がいたとしても、グループは成り立つ。むしろ、その学生をどう活かしていくかが、他のメンバーの腕の見せ所でもあり、問題を乗り越えていくところに、グループの成長がある。はじめから意識が揃っていることなどないのだから、自分よりも積極性の低い学生を非難するのではなく、自分がどのような役回りをとれば——リーダーなのか、あるいはリーダーを支える立場なのか、また全員が参加できるために気遣いをする役なのか——グループがうまく機能するのかを考えるほうが、より建設的な体験になるだろう。
　だが、自分は何も手伝わずに美味しいバーベキューにありつこうというずる賢い人が半分以上を占めるようになると、楽しいバーベキューは成り立たなくなる。対価を支払わずに利益を得ようとする人を、経済学の用語でフリーライダー（＝ただ乗りする人）というのだが、こうしたフリーライダーが増えると、グループ学習も同じようにうまく機能しなくなる。**メンバーがそれぞれの知識、能力、労力を持ち寄ることで新たな価値を創造し、それを分かち合うのがグループ学習**であるから、何も提供せずに成果だけを得ようと目論む人ばかりになったとき、グループは何も生まなくなるのは当然である。
　もちろん、始めから成果だけを横取りしようという姑息な考えを持つ学生はほとんどいないだろう。気をつけたいのは、自覚のないフリーライダーがいつのまにか増えている、というケースだ。特定のメンバーに作業や発言が集中することがグループではしばしば起こるが、このとき、その他のメンバーが無意識に「成果だけを得ている」という状態になってしまうことがある。こうしたグループは長続きしないし、目覚ましい学習効果も起きにくい。全員が完全に公平に作業を分担できることはまずないし、一人ひとりできることは違う。**他のメンバーに頼ってしまっているなと感じた時こそ、他に自分が提供できることを探す姿勢が大切**

第1章　グループ学習について知っておきたいこと　　19

である。

● 集団的浅慮(せんりょ)

　グループは時に、予想外の盛り上がりを見せることがある。深い議論が活発に行われる場合はよいが、表面的に盛り上がっているだけ、という場合もある。表面的な議論に流れすぎると、全員が言いたいことを言うだけで、その帰結に誰も責任を取らないということが起こる。

　一般的には、ある課題について一人で検討するよりも、グループで議論する方が精度の高い答えが導きだされる確率が高いのだが、ある条件の下ではグループがうまく機能せず、一人で考えるよりも陳腐な答えが出てくることがある。これを、集団的浅慮という。つまり、集団であるがゆえに、浅はかな考えで判断を下してしまう、という現象である。

　こうした現象が起こる原因は、ひとつには、**全員が他のメンバーの判断を頼り、自分で考える責任を放棄してしまう**ことによる。自分がいい加減なことを言ったとしても、誰かがしっかり考えてくれるだろうと期待して、結果的に誰もそれをしないという結果を招く。集団的浅慮が起きやすくなるもうひとつの原因は、メンバーの同質性である。学年や学部が同じ、同性のみ、似たような趣味嗜好の学生が集まることで、意見が偏ったり、安易に同意したりということが起きやすくなる。

　全員が判断を委ねあってしまい、一方向に意見が流れてしまうグループは、誰もが望んでいない方針に決まってしまうことも多く、全員にとって情けない結末を迎えることがある。一見、活発に発言しているように見えることも少なくないだけに、注意が必要だ。他のメンバーがいるからといって油断しすぎず、自分自身の考えを大事にし、**時には決まりかけている議題に勇気を持って異論を唱えることも重要**である。

● 空気の読み過ぎ

　深く検証せずに安易にひとつの意見に流れるという場合とは逆に、お互いが遠慮しすぎて失敗するというケースもある。KYという言葉が一時流行したが、これは「空気が読めない」の略である。グループには、

一人ひとりの行動規範に影響を及ぼす雰囲気があることは事実だから、それを察知すること自体は悪いことではない。だが、空気を読みすぎて、誰も望んでいない判断をしたり、集団的な無責任を招いたりということがある。

　グループの対話には、様々な局面が訪れるものだ。他愛のないおしゃべりで盛り上がったり、ひとつの論点に集中し熱い議論が交わされたり。その場その場の**空気を読むことは大切である。だが、その目的は、当たり障りのないように周囲に合わせるためではない。ある方向に流れそうになっている空気を読んで、的確に「水を差す」ことが、グループには必要である**。おしゃべりが盛り上がっているからといって、それに合わせてばかりいては、本論に入ることができない。熱い議論に乗るだけでは、時間内に結論がまとまらないかもしれない。そういうとき、「楽しいからこの話を続けたいところだけど、そろそろ議題に移ったほうがよいのじゃないかな」とか、「この論点は重要だけど、他の視点も考えておかないと間に合わなくなってしまうね」といった具合に介入することも重要だ。

　的確に「水を差す」ためには、グループの話題の流れに乗りながらも、冷静にいま自分たちが何をしているのかを理解していることが大切である。そして何よりも、思ったことを率直に口に出してみることが有効である。そうした発言が、風通しのよい関係をつくり、グループを飛躍させる契機になることが多いのである。

● その他、予定があわない、情報の行き違いなど

　グループのメンバーの関係性や議論の仕方のほかにも、そもそもメンバーの予定が合わず、十分に作業を進める時間がないとか、資料や情報のやり取りがうまくいかず、すれ違いが起こるといったこともある。これらは、グループ学習への取り組み方以前の問題であるが、意外とこうした部分でつまずくことも多い。時間をかけさえすればうまくいくわけではないが、グループで過ごす時間が足りなければ、その成果にも限界がある。もしうまくいかない要因が、単純に情報の共有や予定の調整と

いったグループのコーディネイトの問題であれば、インターネットのサービスなどをうまく活用することもひとつの手である（第3章参照）。

　グループ学習は、すんなりとうまくいくこともあるし、うまくいかないこともある。うまくいかない場合には、それ相応の理由がある。重要なのは、その要因を見極め、改善しようとしてみることだ。それが、主体的にグループに参加するということで、このことが何より重要である。はじめは、ただ漠然とうまくいかない、という状況に直面し、当惑するかもしれない。何かを試みても、状況は劇的に改善しないかもしれない。だが、グループをよりよくするために真摯に話し合い、自分の意見を素直に述べ、他のメンバーの言葉に耳を傾けることを続けていけば、必ずグループから学びを得ることができるはずだ。勇気を持って、取り組んでみて欲しい。

4. グループの成長を見極めるポイント

● グループは生き物

　グループは、メンバーが決まった時点で完成するのではなく、議論や作業をともにすることで時間をかけて成長する。絶えず変化し続ける生き物のようなものである。そして、グループの変化や成長に応じて、個人も変化し成長する。**グループを動的なものとして見ることが、グループの成長を見極めるための第一歩**である。

　グループはまた、それぞれ独自の個性を持っている。はじめはどのグループも見分けがつかないくらい似ていたとしても、作業を重ねていくと、他のグループとはまったく異なる個性がにじみ出てくる。先に、グループに見られる4つの不確定性について述べたが、当初は様々な懸念が存在し、自由なコミュニケーションを妨げるという現象が見られるのが普通だ。グループの成長は、メンバー同士がこうした懸念をひとつず

つほぐしていくことによってはじまる。それぞれのグループがどのように不確定性を解消していったのかという取り組み方の違いが、グループの個性になっていくのだ。グループの雰囲気は、教員が指示してつくるものではないし、メンバーの個性の単なる足し算ではない。**メンバー同士で問題を乗り越えていくうちにグループ内で芽生える信頼関係や結束力、関わり方の規範や雰囲気が、グループの個性になっていく**のである。

● グループの成長段階

　グループの成長には、いくつかの段階がある。グループによって多少異なるのだが、数週間から2、3ヶ月の比較的長期にわたる課題グループの場合、大きく分けて、**出会い期、発展期、成熟期の3段階の成長**があるようだ。

　出会い期は、まだ互いの関係が確定していない段階である。様子を見たり、探り合ったりという時間もあるだろう。ぎこちなさを感じたとしても、この段階では心配しなくてよい。それを乗り越えて、一人ひとりがメンバーとしてお互いを認められるようになることが、まずは重要だからである。はじめからひとつの方向に勢いよく動きだすケースもあるが、そうしたグループが最後まで同じペースで乗り切れることは稀で、どこかで挫折を味わうことが多い。

　発展期は、それぞれの人間性が次第に明らかになり、信頼関係が増し、グループとして機能しはじめる段階である。互いに打ち解け、警戒心はほぐれ、共同作業が成り立つようになる。同時に、関係が親密になるにつれて、出会い期までは隠されていた課題が次第に明らかになる。方針が対立したり、進め方に不満を持つメンバーがでてきたり、一部の人への負荷がかかりすぎたりといった、大小様々な問題が生じる。ディベートや発表で失敗したり、教員から低い評価を受けたりすることで、それまで何となく行っていた共同作業のあり方を見直さざるを得ないこともあるだろう。ここでメンバーそれぞれが、どうすればもっとよい共同作業を実現できるかを考えはじめることができれば、より成熟したグループに成長することができる。当初は目立たなかった学生が、他の学生へ

の心遣いができることで大きな存在感を発揮しはじめたり、主導的な役割の学生のリーダーシップの取り方が変わったり、またリーダー役の交代が起きるなど、様々な調整が進んでいく。司会進行や資料のまとめといった中心的な作業以外にも、グループ内で分担できる役割が数多くあることに気づくのもこの段階である。**はじめから何となくうまく進むグループより、何かしらの危機を乗り越えたグループの方が、メンバーの達成度も高く、より濃密なグループ学習の成果を得られることが多い**ようである。

　発展期を乗り越えると、グループのアイデンティティが確立した**成熟期**を迎える。この段階になると、個々のグループは強い個性を持つようになる。メンバーも、他のグループとの違いをはっきりと意識できるようになり、自分のグループへの所属感が高くなる。グループ内では、メンバー相互の理解が深まり、発言を聴きあい、適切なフォローもしあえるようになるので、対立した意見を戦わせても安心感が失われず、必然的に議論の内容は深まる。どんな課題が与えられても、このグループなりになんとか乗り越えられるのではないかという自信やメンバーへの信頼感を感じられるようになる。成熟したグループによる発表は、メンバー同士が意図や気持ちを互いに汲み取りながら行われるので、チームワークの良さが伝わってくる。とりわけ、第4章で述べるディベートの際には、成熟したグループが強さを発揮する。

● コンテントとプロセス

　もう一点、別の視点からグループの見方を示そう。変化し続けるグループの状態を見極めるためには、グループに起きている出来事を、**コンテント（内容）とプロセス（過程）のふたつの水準に分けて見ることが有効**である。

　コンテントとは、交わされた話題、メンバーの行動や取り組んだ課題、最終的に得られた成果といった**グループ学習の内容面（何を行ったか）**のことである。これに対してプロセスは、**メンバーの間の関係の変化の過程（どのように行ったか）**である。両者を厳密に区別することは難し

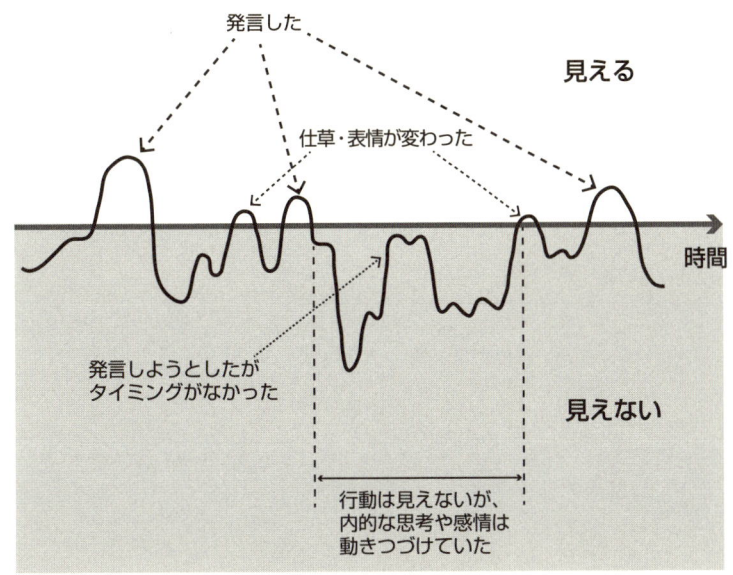

話し合い中のプロセス

いが、コンテントが目に見える現象であるのに対し、プロセスは絶えず変化する感情やメンバー間の関係であり、直接的には目に見えない。

　図は、ある話し合いにおける一人のメンバーのプロセスを図式的に表したものである。横軸を水面のように見て欲しい。水面上にあらわれる発言や行動は、他の人の目に見えるが、水面下で起きていることは見えない。しかし、見える動きがないからといって、その間このメンバーが何もしていないことはなく、深く考え込んだり、逡巡した上で発言しなかったり、という内面的な思考や感情の流れが存在するはずだ。こうした流れも含めて、プロセスを見ていく必要がある。

　たとえば、あるグループが「活発な議論の結果、ある結論を導きだした」という場合、コンテントだけに注目すれば、議論された内容や結論の善し悪しが評価されることが多い。しかしプロセス面に注目すると、別の見方ができる可能性がある。「活発な議論」の内容面はよかったが、過程はどうだっただろうか。一見賑やかに意見が交わされているように見えても、よく観察すると、発言は中心となる2〜3人のみに集中して

第1章　グループ学習について知っておきたいこと　　25

いる、ということも少なくない。結論の決定方法についても、結局は一人のメンバーの強い主張で決まる、ということもある。このなかで他のメンバーは、実は「最初は緊張していて、何が議論されているのかよく見えなかった」、「意見は持っていたのだが、機会を逃してしまった」、「もう少し慎重に結論を出したいと言ったのだが、無視された」などと感じていたかもしれない。こうした事態をどう考えればよいだろうか。「それなら、全員が積極的に参加すべきだ」と考える人もいるだろう。うまくいっているときには正論に見える意見だが、望む成果が生み出せなかった場合、「積極的に参加しない人がいたから悪い」というわけにはいかない。それでは、グループで取り組む意味がないからだ。グループ学習は、成果さえよければ手段は選ばないという仕事とは違う。消極的なメンバーもいることを前提に、どのようにコミュニケーションを図り、できるだけ全員の潜在的な力を引き出していくかというところに、グループの学びがある。

　重要な点は、何も発言しないメンバーも、発言が無いからといって何も考えていないわけではなく、**沈黙のなかで様々な感情や思考を働かせている**、という事実に注意を向けることである。こうした目に見えない要素が、グループで起こる出来事を大きく左右する。うまくいっているときには気にならなくても、小さなボタンの掛け違いが、後々大きな齟齬を生じさせてしまうこともあるのである。特に何かがうまくいっていないと感じるとき、グループのプロセスがどう進んでいるかを見直すことが大切である。

● グループプロセスのチェックポイント

　グループに何が起こっているのかを把握するためには、プロセスをみることが大切だ。だが、プロセスそのものは目に見えない。したがって、**プロセスの「手がかり」を見つけることが重要**となる。

　ここでは、筆者らが授業中に、グループがどの程度成長しているか、どのような問題をかかえているかなどを見極めるために注意しているポイントを挙げる。これらのポイントをみることで、グループはうまく進ん

グループプロセスのチェックポイント

メンバーの状態とコミュニケーション	・メンバーの状態 ・発言数と関係 ・話し方と聴き方 ・他のメンバーへのうながしや配慮 ・コミュニケーションのレベル
意思決定と行動のありよう	・リーダーシップ ・役割分担 ・意思決定の形 ・行動のマネジメント ・グループの維持機能 ・行動に対するリアクション
意思決定と行動のありよう	・グループの規範 ・雰囲気

でいるか、メンバーの関係はどうなっているか、問題があるとすればそれは何か、といったことを推測できるようになる。人間関係トレーニングの知見に基づいて[3]、授業におけるグループ学習の視点から、メンバーの状態とコミュニケーション、意思決定と行動のありよう、規範と雰囲気の3つのレベルでポイントをまとめているので、参考にして欲しい。

①メンバーの状態とコミュニケーション
◆メンバーの状態
　最も基本的な手がかりは、メンバーそれぞれの様子である。グループの初期には、うまく打ち解けられているか、緊張しているかといった点から、グループがどのような状態でスタートしたかを見る。グループが進んでからも、積極的に参加しているか、不満を持っていそうか、疎外感を感じていないかといった視点で、それぞれの変化に着目する。メンバーの状態は一様ではなく、参加の度合いも変動する。感情はそのまま表明されないこともあるので、本当のところは確認できないのだが、一

---

3) 南山短期大学人間関係科監修、津村俊充、山口真人編『人間関係トレーニング――私を育てる教育への人間学的アプローチ 第2版』京都：ナカニシヤ出版、2005年、45～47頁。

人ひとりのありようを、姿勢やジェスチャー、表情などを丁寧にみることで把握しておくことが大切である。

◆発言数と関係

　誰がどれくらい発言しているか、発言する人に偏りがあるかどうかという点である。グループの初期段階では、話す人が固定されることが多く、全く発言しない人もいる。基本的な手がかりだが、メンバーのあり方や個性がよくわかる。また発言者が、全員に話しかけているのか、特定の人のあいだだけの会話になっているかをみることも大切だ。グループが進展しても、発言数は完全に均等にはならないが、消極的な人の発言機会は増え、話しかける相手は多様になっていく。

◆話し方と聴き方

　発言の仕方への注目である。よくあるのは、発言数は多くても、単に主張しあっているだけ、という状況である。キャッチボールではなく、雪合戦状態である。相手の意見を理解しようという動きが起きはじめると、他の発言を受けた応答がされるようになり、議論は格段に展開し、深まっていく。

◆他のメンバーへのうながしや配慮

　発言のなかには、自分の意見を述べるだけではなく、発言していない人へのうながしや、話の途中で遮られてしまった人への配慮といった要素もある。こうした動きが出てくると、グループへの信頼感は増す。他のメンバーに受け容れられているという安心感が高まるからだ。グループ全体に配慮ができるメンバーがいることで、グループは強い力を発揮することができるようになる。

◆コミュニケーションのレベル

　発言のレベルにもいろいろな水準がある。単なる知識や常識を話しているだけというレベルもあれば、自分自身で考えたことを懸命に伝えよ

うとしている場合もある。また、自分自身のいまの感情や意思について話されることもある。メンバーが打ち解け、グループへの所属感が増すにつれて、開放性や主体性が増し、単なる知識だけではなく、独自の思考、好意や違和感といった感情、自分はこうしたいという意思など、深い水準の発言がみられるようになる。逆に、発言数は多くても、それぞれが知っていることを話しているだけである場合は、まだそれほどグループは進展していないといえる。

②意思決定と行動のありよう
◆リーダーシップ
　誰がリーダーシップを発揮しているか。初期には、議論の最初に口火を切る人が誰かに注目するとわかりやすい。リーダーシップのとりかたも多様で、自ら方針を提示して引っ張るタイプ、意見を公平に聞いて調整するタイプ、また複数のメンバーが共同してリードしているというケースもある。リーダー役の学生を評価するのではなく、そのグループに影響力を発揮している人が誰かを把握することが、グループを見る際には重要な要素となる。グループの進展によっては、途中でリーダー役が交代することもある。

◆役割分担
　リーダーも含めた全員が、どのように役割を分担しているか、という点である。作業の分担だけではなく、ディスカッションのなかでも、議題を進行するための役割が見られる。司会役をしたり、意見を調整したり、また、ムードメーカーという役割もある。どのようなグループでも、役割が配分されるのが普通であるが、その形はまちまちで個性が見られる。全員がそれぞれの持ち味を活かしあえる役割を自然に担える場合はよいが、単に追従しているだけの人がいたり、リーダー役が対立したりする場合は、調整が必要になることがある。

◆意思決定の形
　どのように意見がまとまり、行動方針が決まっているかという手続きの流れである。なんとなく声の大きい人に引きずられていることもあれば、全員が納得した結論に至っていることもある。なかなか意思決定がうまくいかない要因は、メンバー同士のコミュニケーションの仕方や役割の配分の問題であることが多い。

◆行動のマネジメント
　意思決定後、どのように行動に移るかという点である。目に見える要素が多いので、グループの状態が表れやすい。次の作業に移るときに全員がフットワーク良く椅子や机を移動する、時間の管理ができている、作業の分担がてきぱきと行われるといったグループは、うまく共同作業ができていることが多い。

◆グループの維持機能
　課題のための作業以外にも、グループを維持し調整する行動がある。たとえば議論のための準備を整えたり、他のメンバーを気遣ったり、感謝の気持ちを表明したりという行動がある。こうした行動は、課題を進める作業ではないが、グループをまとめる大きな力になる。

◆行動に対するリアクション
　あるメンバーの行動に対して、他のメンバーがどう応えているかをみることも手がかりのひとつになる。例えば、リーダー役の意見がどのように受け容れられているか。信頼感を感じているか、抵抗する動きがあるか、文句を言いながらも楽しそうに従っているか、などである。成熟したグループでは、誰かの行動や発言の意図を汲み取って他のメンバーが自発的に動くというチームワークが見られるようになる。他のメンバーが何をしようとしているのかが共有されてくると、自分の役割や存在意義が明確になり、個人の働きも活発になる。

③規範と雰囲気

◆グループの規範

　グループが成長していくにつれて、それぞれグループに特有の規範が生まれる。規範とは、このグループでは「こうした方がよい」という行動や関係の指針である。課題に対してじっくりと取り組むのか、手際良く進めるのか、何を良しとするかという基調がグループの内部にできてくる。気をつけたいのは、こうした規範が、暗黙のうちに行動を規定するように働くケースである。例えば、否定的なことを言ってはいけない、全員が集まらなければならない、といった規範が共有され、なんとなくそれに縛られてしまうということも起きる。それが原因で、グループに齟齬が生まれるということもある。違和感を率直に表明することで、新しい局面が開かれることが多い。

◆雰囲気

　グループには独自の雰囲気があり、個々のメンバーに影響を与える。開放的か、遠慮がちか、助け合う雰囲気か、互いが張り合う雰囲気などである。これはグループの個性であるから、善し悪しはないのだが、基調となる雰囲気と比べて、なんとなくいつもと違う雰囲気を感じることがある。ひとつの成功体験によってがらりと前向きな雰囲気になることもあれば、誰かが落ち込んでいることを気にして停滞することもある。雰囲気の変化に、誰がどのように関与しているのか、どのような過程から変化が生じているのかをモニタリングすることで、グループに起こっていることがより明確に理解できるようになる。

　チェックポイントのリストを見ただけで、グループには非常に複雑な関係要素があることがわかるだろう。人間は、意識せずとも、こうした関係を調整しながら、自分を活かしてグループに適応する力を持っている。より自覚的に取り組むことで、さらに豊かな学び合いの場をつくりだすことができるはずだ。

第 2 章
グループ学習の進め方

グループ学習を通じて知の相乗効果が起こることもあれば、さほどの効果を生まない場合もある。この違いは多くの場合、メンバーの能力ややる気ではなく、その場に応じた適切な進め方を行ったか否かによる。どれだけ能力が高く、やる気のあるメンバーが揃っていても、その力をうまく引き出せなければ、1＋1の結果が2未満にしかならない。それゆえ、グループ学習を「どのように行うか」という基本的な進め方を知っておくことは、学習を実り多い経験にするために有益である。本章では、グループ学習の具体的方法を紹介する。

1. グループの種類と分け方

●学習形式の種類

　一口にグループ学習といっても、様々なかたちが存在する。前提として、授業における学習形式を、同時に学ぶ人数で分類してみると、一斉学習（教室の全員が同時に同じ課題に取り組む一般的な講義形式の学習）、グループ学習（3〜10名程度のグループによる学習）、ペア学習（2人組で行われる学習）、個人学習（レポートや個人発表など個人で取り組む学習）の4種類に分けることができる。このうち本書で中心的に扱うのは、グループ学習およびペア学習である。履修者が10名以下の少人数のクラスの場合は別だが、一般的にはクラスを2名のペア、または3名以上のグループに分けて、それぞれのペア／グループごとに課題に取り組むことになる。

　もちろん、グループ学習を取り入れた授業であっても、一斉学習や個人学習がまったくないわけではない。ペアや数名のグループで課題に取り組む時間もあれば、時には全員で教員の講義を聞く時間もあり、また個人の課題も出されるというように、様々な学習形式を織り交ぜながら進められるのが通常である。さらに、グループのメンバーについても、

最初から最後まで同一のグループのみで進められるケースは稀で、メンバーを組み替えながら進められることが多い。

　授業設計の観点からみると、一斉学習やグループ学習といった学習形式は、より効果的な学習を実現するために、学習内容や学生の理解度の進捗にあわせて、教員が意図を持って選択する手法であるといえる。こうした前提を理解しておくことで、グループ学習を行う理由をより理解できるようになるはずだ。

●グループの種類

　グループは、目的によっても分類することができる。専門用語では、フォーマル・グループ、インフォーマル・グループ、ベース・グループとも呼ばれる。

　フォーマル・グループは、比較的長期にわたって課題に取り組むグループで、グループ発表やディベートなど、数週間から数ヶ月のあいだ、同じメンバーで学習を進める形態である。これに対して、**インフォーマル・グループは、比較的短時間のグループ**で、講義の感想をその場で述べ合ったり、レポートの相互批評を行ったりするなど、一回の授業のなかで特定の共同作業を行うためのグループである。フォーマル・グループにおいては、第1章で述べたように、メンバー同士の関係の深まりに応じてグループの成長が進むが、インフォーマル・グループでは、その時限りの議論や作業が中心になるため、メンバー間の関係変化はさほど重要とはならない。いま取り組んでいるグループ学習が、フォーマル・グループかインフォーマル・グループかを区別して理解する必要はないが、そのグループがその日限りのメンバーなのか、継続的な作業をともにする仲間なのかを意識することは、特にグループ分けをした直後においては、取り組み姿勢を明確にするために有効である。

　このほか、大人数の授業では、**ベース・グループと呼ばれるグループ**を形成する場合もある。これは、学習課題のためのグループではなく、**学習に取り組むための基盤部分を相互に支えあうグループ**である。例えば、欠席した授業で出された課題の連絡、図書館や情報機器の使い方の

相談、その他生活上の悩みなどを学生同士で補いあうことが目的となる。多くの場合、こうした相互援助は、教員が指導せずとも顔見知りの学生同士で自然に行っていることだろう。しかし、裏を返せば、課題以外の協力関係もまた、授業を成り立たせるために不可欠な要素であるともいえる。**学生同士の協力関係があることで、授業がより充実した学びの場になる**。課題グループのメンバー以外の学生とも、積極的な関係を持つことを意識してみて欲しい。

●グループの分け方

　グループ学習は、メンバーが決まった時点からスタートする。どのようにグループをつくるかによって、その後の共同作業の質が左右されるため、グループの分け方は重要である。では、グループは、どのようにつくればよいだろうか。筆者らのクラスでも、グループ分けをする際には、ちょっとした緊張感が走るのが常である。気の合う人と一緒になりたいとか、頼りになりそうな人の多いグループに入りたいとか、様々な思惑が交錯するからである。実際のクラスのなかでは、グループ分けの方法を学生主導で決められる場合はあまりないかもしれないが、目的によってグループの分け方の留意点が異なるということを知っておくと、表面的な感情に左右されずに、その後の作業にスムーズに移行できると考えられる。

　まず意識して欲しいのは、フォーマル・グループとインフォーマル・グループでは、グループ分けの考え方が異なるということだ。数週から数ヶ月にわたって共同で作業に取り組むフォーマル・グループと、その日その場限りの課題を行うインフォーマル・グループの様子を想像してみれば、グループを形成する際に留意する点が違うのがわかるだろう。

　インフォーマル・グループの場合、メンバーの構成はさほど問題にはならない。それぞれの学生が、当該の課題に取り組む短期的なグループだと理解していれば、たまたま隣に座っていた人同士でもよいし、1〜4まで順に番号を振り分け同じ番号同士でグループをつくるなど、ランダムなつくり方で問題のないことが多い。筆者らのクラスではこの他、

執筆中の論文の相談をするペアを組む時には、自分が信頼している人とで組んでみたり、また、ある程度フォーマル・グループでの学習が進んだ段階になると、自分のグループ以外の学生との交流が少なくなることから、これまであまり話したことがない人同士の3人組で振り返りを行う（62頁参照）など、クラスの進捗や課題にあわせたグループ分けの手法を採っている。

　長期にわたる共同作業が必要なフォーマル・グループの場合は、できるだけグループ間の偏りがないグループをつくることが望ましい。特定の性別、学部学科、学年だけが固まったグループ、もとから友人同士のグループ、積極的な学生あるいは消極的な人だけのグループよりも、各グループが同程度に多様性を持ったグループに分けるほうが、グループ内の相互作用が起きやすく、またグループ間のポジティブな競争意識の醸成にもつながりやすい。筆者らのクラスでディベートのグループを形成する際には、次のような手続きでグループ分けを行っている（この場合、クラスを4グループに分けた）。まず、考え方が論理的か／感性的か、プレゼンテーションがうまいか／地道な作業が得意かについて、学生それぞれに自己分析をしてもらい、次に、自己分析結果が似ている4人ずつにわかれる。つまり、ここでは、論理的で地道な作業が得意な人や、プレゼンテーションがうまく感性的な思考をする人が集まった状態になる。そして、その4人のなかで1〜4まで番号を振り分け、同じ番号の人同士でグループになる。こうすることで、様々な個性を持つ学生が、各グループに同じような配分で分けられることになる。最後に、学部や学年、性別の偏りをみて、少しメンバーを入れ替え、グループを確定する。

　先にも述べたように、実際には学生がグループ分けの方法を決められるケースは少ないだろう。内心で希望したメンバーと一緒になれず失望することや、面識のないメンバーばかりで不安を感じるということも多いはずだ。**最も重要なのは、そのグループの目的と分け方の方法について納得感を持てるかどうかである**。グループ分けに不満が残る状態よりは、本心は希望通りでなかったとしても、その決め方に納得した上でグ

ループ学習を開始するほうが、抵抗なく取り組めるようになる。そのためには、**グループ分けに際して、不明な点があれば積極的に教員に尋ねること、分け方について提案してみることが重要**である。こうしたやりとりを少しでも行うことで、クラスの全員が納得したグループ分けを行えれば、それぞれが自分のグループに責任を持つことができ、グループの学習効果も向上するだろう。

2. グループ学習の基本的な流れ

　次に、グループ学習の流れを概観する。ここでは、基本的に数週間から数ヶ月にわたるフォーマル・グループにおける作業過程を取り上げる。
　第1章で、「出会い期」、「発展期」、「成熟期」というグループの成長過程について述べたが、ここで説明するグループ学習の作業過程は、具体的な作業の流れである。
　グループ学習の作業過程には、どのような課題かにかかわらず、大きく次の5段階のフェーズがあるといってよい。**導入、方向付け、準備、本番、振り返りの5段階**である。この大きな流れの各段階のなかにはさらに、方針を決め、行動し、その結果をグループで共有し、次の方針を決めるというサイクルが繰り返し行われる。
　グループの成長過程は、ここで述べる作業過程と並行して進むが、早い段階でグループの成長が起こる場合もあれば、作業が先行して進み、それを追ってグループが成熟するパターンもある。フェーズごとに必要となる作業を、教員がその都度指導してくれるケースもある一方、グループに課題が出され、あとは発表やディベートなどの本番に向けて、学生同士でスケジュール管理をしなければならない場合もある。
　この節では、グループ学習の大きな流れを確認し、次節で、各段階で活かせる具体的な手法を紹介する。

● 導入

　まず、具体的な作業に入る前の導入の段階がある。あまり意識されないことも多いが、初対面のメンバー同士でグループを構成し、お互いをよく知らない状態でいきなり課題内容の相談を始めるより、自己紹介をしたり、意気込みや懸念などを共有したりして、ある程度打ち解けた後で作業に進むほうが、共同作業はスムーズに運ぶ。授業内で自己紹介する時間が確保される場合はよいが、そうでない場合は、メンバー同士で相談して、互いを知り合う時間を設けてみて欲しい。

● 方向付け

　方向付けとは、課題をどのように進めて行くのかを模索する段階である。課題によって検討しなければならない項目はまちまちだが、例えば何らかのテーマを決め、それについてプレゼンテーションをするという課題が出された場合、どのテーマを取り上げるのか、テーマごとの切り口は何かといった内容についての方向付けや、調査や準備をどのように進めていくかというアクションプランを組み立てていく相談が、本格的な準備作業を始める前に必要となる。内容については、グループでディスカッションする利点を活かし、ブレインストーミングやアイデアの構造化など、集合的な知を形成する手法を取り入れることが効果的である。

● 準備

　本番に向けてのより具体的な準備作業の段階である。**グループ調査は、一人で行うよりはるかに多くのデータの収集が可能となるが、チームワークがうまくいかない場合、重複や抜けが生じてしまうこともある。**段階的に集まる資料を、その都度メンバー同士でレビューし、必要に応じてテーマを変更したり、調査方針を修正したりしながら進めていくことが大切である。また、プレゼンテーションの素材づくりや役割分担も並行して行う。この段階では、情報の共有が非常に大切になるが、効果的に情報を共有するための情報機器の活用方法については、第3章を参照して欲しい。

◉ **本番**

　グループ発表やディベートなど、これまでの学習成果を発表する本番である。すべての準備作業は、この日に間に合わなければ意味がないと言っても過言ではない。30分なら30分の発表時間を充実した時間にするために、事前の準備が大切なのは当然だが、発表がはじまってから起こる不測の事態に備え、全員が集中してチームワークを発揮することがより重要である。

◉ **振り返り**

　本番が終われば、課題は終了する。しかし、**グループ学習が本当に完了するのは、振り返りを終えた時である**。課題の実践をひとつのグループ体験と考えるなら、その体験をもう一度メンバーで振り返り、相互にフィードバックしたり、良かった点や改善点を共有したりすることで、さらに豊かな学びを得ることが可能となる。課題を完遂することだけに意識がいきがちだが、**事後の振り返りの時間を持つことが非常に重要で**ある。授業内にその時間が取れない場合は、自主的に集まり、グループ学習の過程を振り返る時間をとって欲しい。

3. グループ学習の技法

◉ **導入段階で有効な技法**
◆ **自己紹介**

　ディベートのみならず、あらゆる初対面同士のグループの導入段階で、最も一般的に行われるのは、自己紹介である。名前や趣味などを伝えるだけでも効果があるが、紹介する際の項目を工夫することで、より立体的に他のメンバーの人物像をイメージすることもできる。例えば、「なぜこの授業を履修したのか」、「このグループに期待すること」、逆に「不安

を感じていること」を伝えあうことで、外見からはうかがい知れないその人の気持ちや意思を知ることができる。また、各自が「自分の呼ばれたい名前」を宣言すると、その後、気兼ねなく声をかけることができるようになる。名前で呼びかけることは、些細なことのようにみえるが、他のメンバーに存在を受け容れられている実感を得やすくなり、自然にグループの結束力が高まる小さな工夫である。

◆クラス内の導入ワーク例

　このほかに、筆者らのクラスで用いている導入ワークの事例を、参考として3つ紹介しておこう。これらの事例は、グループ分けに先立つクラス全体での自己紹介の手法だが、グループのメンバーが知り合っていく際にも応用ができるはずだ。

・「私は誰か?」1分間スピーチ

　クラス全体で自己紹介をする際、筆者らのクラスでは「私は誰か？」というスピーチを行っている。時間は1分間である。「私は誰か？」という問いは、簡単なようで実は難しい。自己紹介というと、名前や所属学部、サークルや趣味、出身地や血液型といった自分の属性を並べるだけになってしまう場合もあるが、「私は誰か？」を他人に伝えようとすると、それ以外の個性的な部分があらわれてくることが多い。しかも、時間をきっかり1分間と決めることで、冒頭にどのように挨拶をするか、どういった順序で内容を伝えるかというスピーチの形式にも、その人らしさが表現される。クラスでは、1分間のスピーチ原稿をあらかじめ考えてくる課題を与え、授業時間内に2度ほど練習をしてから、本番のスピーチを行う。練習では、ペアになりお互いの1分間スピーチを聞きあい、どこが面白かったか、改善点はどこかという感想をフィードバックする。これは、自分の伝えたいことを簡潔にプレゼンテーションする練習にもなる。「私は誰か？」のスピーチは、授業内だけでなく、グループのなかで任意に実施することも容易だろう。

・自己紹介カードの作成

　自己紹介カードを作成し、クラスで共有することも有効である。図のように、A5版の情報カードに、インスタントカメラで撮影した写真を貼り、情報を書く。本名のほか、呼ばれたい名前や他の学生に知っておいてもらいたいこと、自己PRなどを書いてもよい。複数の色のペンを用意すると、より個性が表現しやすくなる。カードをコピーして配布したり、教室の壁に掲示したり、またインターネットで共有したりすれば、いつでも他の学生の情報を参照できるようになり（クラスが進むほど、改めて名前を聞くことが難しくなる）、新しくグループを組み直す際にも役に立つ。

自己紹介カードの例

・4象限アンケート

　4象限アンケートというワークは、その場にどのような人々が集まっているかを、自分の立つ位置で確認しあう手法である。学生が自主的にクラスで行うのは難しいかもしれないが、筆者らは、初回の授業時に取り入れることが多い。机と椅子を片付け、フラットにした教室の空間のなかに軸を仮想して、自分のコンディションや感情、ライフスタイルや好みを自分の立っている位置で表現する。例えば、受講者の緊張度を聞く場合は、軸の両端を「緊張している」と「リラックスしている」に決め、非常に緊張しているならば一方の壁際に立ち、どちらでもなければ中央に、ややリラックスなら中央より少し反対側にずれた場所に立つ。軸は1つでも構わないし、2つを組み合わせることも可能である。「緊張

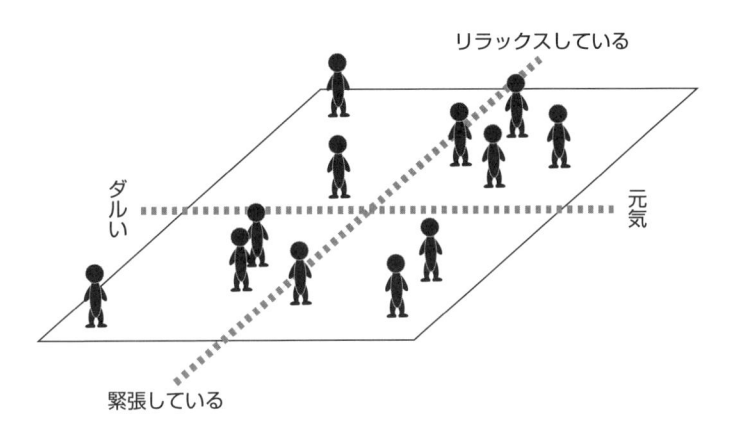

4象限アンケート

している／リラックスしている」に加えて、「元気／ダルい」のふたつの軸を組み合わせれば、受講者の気持ちと体調を確認することができる。

　実際に行う場合は、以下のような流れとなる。まず受講者それぞれが、自分の気持ちと体調を自身で確認し、最もあてはまる位置に移動する。全員の位置が決まったところで、何人かに「どのような感じか」をたずねる。元気だが緊張している人もいれば、リラックスしていても体調の優れない受講者もいる。それぞれの言葉を聞くことで、緊張を表明している受講者が何を感じているのかがわかり、同じように「ダルい」領域にいる面々でも、「寝不足」や「空腹」などの違いを知ることができる。ワークの流れと意図が共有されれば、受講者がクラス全員に聞いてみたい質問に変えて、再び実施してみることできる。「何年生か」、「このクラスを受講した目的は明確か」、「友人が多いか」といった他の受講者の意識やライフスタイルを聞くことで、クラスの緊張感がほぐれることが多い。

　この手法は、言葉で自分の状態を説明するよりも平易で、全員が一斉に参加できることから周囲の意見に左右されにくく、顔見知りのいない初回の授業でもそれほど抵抗無く素直に表現することができる。教員が受講者の状態を把握するだけでなく、受講者が互いに自分と他者の違いや、教室全体の傾向のなかで相対的な自分の位置を知ることができると

いうメリットもある。また複数の人間は同じところには立てず、他の受講者は必ず自分とは別の空間を占めているという点で、自身の固有性が確認されることにもなる。

◆**効果的な議論のためのルール、ツール、ロール**

　グループで議論するにあたっては、意識的にお互いの発言に耳を傾けるように心がけることが、何よりも重要である。このことは、グループ学習のすべての段階について言えるが、特に**グループの初期段階では、相手がどのような意図で発言をしているか、誠意を持って聴く姿勢を意識することで、相互の理解が格段に深まる。**

　しっかりと互いの発言を聴くためには、心がけのほかにも意識的に用いることのできる技術がある。**何をするか、ではなく、どのようにするか**、という手法の選択である。これには、どのように議論を進めるかというルールの設計、机の配置やホワイトボードなど議論する場のツール設計、議論に際して誰がどのような役割を担うかというロール設計がある。細かな工夫だが、ルール、ツール、ロールをグループのメンバー同士で相談し適正に選択することで、コミュニケーションが円滑になり、グループのポテンシャルを最大限に発揮する議論ができるようになる。

・ルール

　ルールとは、どのように議論を進めるか、というガイドラインである。ルールに関連する事柄のうち最も重要なのは、上に挙げた、お互いの発言をしっかり受け止めるという関係規範である。これは、ルールに先立つノームといってもよい。その上で、議論を進めるために設定しておきたいポイントがいくつかある。

　まずは、**何をどのように議論するか**、という進行についてである。全員が思うままに意見を述べるより、いま何をしなければならないか、そのためにどうすればよいかを理解して話し合いを進めるほうが、議論が深まることは間違いない。暗黙のうちに了解できることもあるが、そうでない場合は、議論をどう進めるかを共有することが望ましい。その日

に決めなければならない議題を事前にまとめておく、議論に入る前にどのような順序で進めて行くかを相談するといったことも有益だ。

　誰がいつまでに何を行うか、そしてどの程度責任を持って行うか、という点も、グループ調査や発表準備の段階では重要になる。頼んだ作業を期待通りにやってくれない、約束の時間に来ないといったことが、残念ながら学生のグループ学習のなかでは比較的多く起こる。初期の段階では、各自の作業の内容や期限だけでなく、どのように、どの程度行うか、次の段階でどのようにまとめていくかについて話しあっておくと、こうした齟齬(そご)は少なくなる。

　ルールは、メンバーの行動を規制するようなあらかじめ決められた法律のようなものではなく、それに合わせて行動した方がうまくいくとメンバーが了解することで成り立つ暗黙の規則である。グループ学習の過程が進むにつれて、こうしたルールはグループ内に自然に定着していく。例えば、いつまでも相談を続けるのではなく制限時間を区切って議論する、情報共有のためにあらかじめメールは全員が目を通しておくといったグループに固有のルールができる。グループの初期段階からルールづくりを相談することで、そのグループによりふさわしいルールが成立するようになる。

・ツール

　ツールは、議論を円滑に進めるために使用できる物理的な工夫である。机や椅子の配置、議論の内容の視覚化、情報の共有といった要素は、コミュニケーションの質を左右する要素である。

　基本的なことだが、座り方ひとつでも、議論の仕方は変わる。2人が机を挟んで正面から向き合うのと、90度ずらして座るのとでは、緊張感が変わるのが容易に想像できるだろう。また、教室で5人の学生が話し合いをする場合、前の学生が振り返って議論を行うのと、机を移動してから議論を始めるのとでは、集中度が変わる。多少手間がかかっても、向き合って議論できる配置に整えた方が、議論の効率は高まるものである。机の配置も、島状にするか、ロの字型にするかによって議論の質が

● 座る位置によって緊張感が変わる

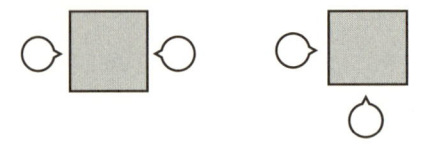

向かい合って座る　　90度ずらして座る

● 机を移動すると集中力が変わる

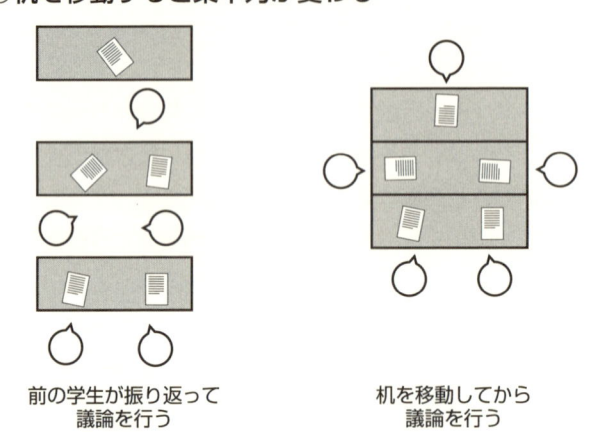

前の学生が振り返って　　机を移動してから
議論を行う　　　　　　議論を行う

● 机の並べ方によって雰囲気が変わる

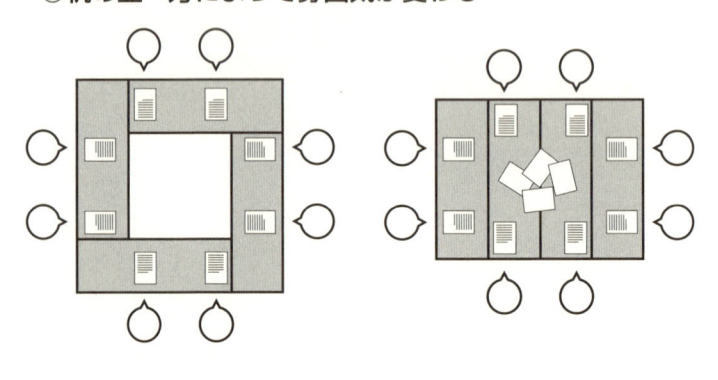

ロの字型の配置　　　　島状の配置

座り方によるコミュニケーションの違い

変わってくる。一般的に、会議でよくあるロの字型の配置は、議論が形式的になりやすく、島状にした場合のほうが、密な議論がしやすいといわれる。ひとつのテーブルを囲んで議題を並べることで、物理的にも心理的にも全員でひとつの議論を組み立てる雰囲気が生まれるからである。**何となく話し合いがしづらいなと感じるときは、自分たちがどのような配置で話しているのか、議論の環境に目を向けてみると**、改善できるポイントが見つかるかもしれない。

　また、発言内容を可視化することは、議論を深めていくために非常に有効である。ホワイトボードを使って論点を挙げていく、あるいは模造紙や付箋紙にアイデアを書き出していくことで、議題が散漫にならず、初めの頃に話し合った内容を忘れないで済む。また、議事録を残すことも容易になる。後にブレインストーミング（49頁参照）と集合的な知の形成の項（56頁参照）でも述べるが、情報を外部化して共有し、それを物理的に移動したり関連づけたりする作業は、グループでの議論において極めて重要である。**積極的に議論を視覚化してみて欲しい。**

　さらに、フェイス・トゥ・フェイスの議論の他に、情報共有のためにインターネットのサービスを活用することは、特にグループ調査などの段階で有効である。この点については、第3章で詳述する。

・ロール

　全員が同じ立場で均等に発言するのもよいが、進行役や議事録をとる役が明確になると、より議論が円滑に進む。役割分担は、グループメンバーのなかで自然に決まっていく面もあるのだが、特に初期段階では、意識的に誰がどういう役を担うかを決めてみるのもひとつの手である。その際、一度決まった役割に固執する必要はない。初期段階ではむしろ、できるだけ役割を固定せず、メンバーがいろいろな役割をとってみることが望ましい。その結果、それぞれの個性がより明確になり、もっとも得意な役割が見つかるはずだ。

　重要なのは、ルール、ツール、ロールは、互いに影響しあうことで、

グループの動きを進めるということだ。ルールだけが決まっていても、それを実行するロールや、支援するツールがなければ、ルールが実現されることはない。どれかひとつだけでは、機能しないということである。ひとつひとつは小さな工夫だが、逆に言えば、小さな工夫を積み重ねることによって、そのグループのありようが決まっていくともいえる。

●方向付け段階で有効な技法

　方向付けの段階とは、課題の達成に向けてグループでどのように取り組んで行くかという方針を模索する段階である。方向付けは、どのように進めるかという作業方針と、何をテーマにするかという内容の確定のふたつがある。ここでは主に、グループでテーマを探すという内容面の進め方を紹介する。

　筆者らのクラスで行っているディベートのグループでは、ディベートに相応しいテーマを探し、プレゼンテーションするのが最初の課題となっている。テーマが明確に与えられた課題であればさほど問題にはならないが、グループでテーマや視点を探すところからはじめる課題では、この段階で様々な可能性を検討し、アイデアを広げておくことが、最終成果を充実させるために不可欠となる。自分の関心のあるテーマを一人で設定するなら手順は簡単だが、複数のメンバーとテーマを探し、決定していくにはどうしたらよいだろうか。ここでは、ブレインストーミングの技法と、アイデア評価の技法を紹介する。

　より相応しいテーマを探しだしたり、より有効なアイデアを考えだしたりするための基本的な過程は、拡散と収束である。すなわち、**できるだけ多くの可能性を検討し、大量の選択肢のなかから最適なものを選びとる**という作業である。ブレインストーミングは拡散の技法であり、アイデア評価は収束の技法である。

　ブレインストーミングは、テーマを探すだけではなく、ひとつのテーマについて考えうる様々な論点を洗い出す際にも有効である。その場合、挙げられた論点をひとつに絞るのではなく、構造化して理解することが重要である。ブレインストーミング後の知の構造化の技法は、準備段階

の技法で詳しく述べる。

◆ブレインストーミングの技法

　ブレインストーミングは、グループで新しい発想や視点を発見していくために最適な技法である。固定観念をかき混ぜ、複数の人の視点や知識をつなぎあわせることで、一人では考えつかないようなアイデアや視点を見つけることができる。たとえば、ディベートで議論するテーマ案をグループで検討する場合、「私たちがいま、議論すべき問いは何か？」を議題にブレインストーミングを行うことで、一人でアイデアを絞り出す以上に、多くの可能性が広がる。

　ブレインストーミングを効果的に行うには、いくつかのポイントがある。一般的にブレインストーミングというと、「自由にアイデアを出しあう」、「否定せずに楽しく議論する」というイメージがあるかもしれないが、**自由に話すばかりでは、単なる雑談になってしまうことも多い**。話が盛り上がるのはよいが、終了後、結局一番最後に出たアイデアがそのまま採用されたり、一番声の大きい人の発言が印象に残ったり、もっとも多くの時間話されたことになんとなく決まったりということも起こる。これでは、多くのアイデアを出した意味がなくなってしまう。

　ここでは、スタンフォード大学のdSchoolがまとめたルール[1]に沿って説明する。**基本的なルールは、次の8つである**。

ブレーンストーミングの様子

---

1) "Rules of Brainstorming", Stanford d School, 2009.（https://dschool.stanford.edu/blog/2009/10/12/rules-for-brainstorming/　閲覧日：2013年3月5日）

- Defer Judgement ＝判断は後回しにしよう！
- Go for volume ＝数を出せ、質より量！
- One Conversation at a time ＝一度に話すのは一人。
- Be Visual ＝視覚化しよう！
- Headline your Idea ＝アイデアは一言で！
- Build on the Ideas of others ＝他のアイデアに乗ろう！
- Stay on topic ＝議題に集中しよう！
- Encourage Wild Ideas ＝ワイルドなアイデアを奨励しよう。

・Defer Judgement ＝判断は後回しにしよう!

　判断は後回しにしよう。つまり、**その場では否定的なコメントをしない**、ということである。これは、ブレインストーミングの基本で、否定せずにアイデアを出すことで、発想をのびのびと自由に広げていくことが可能となる。しかし、否定してはいけないと頭でわかっていても、つい他人のアイデアを評価してしまことも多い。そのため、今は判断しない、つまり、判断は後でするということを明確にすることで、思い切りアイデアを広げられるようになる。

・Go for volume ＝数を出せ、質より量！

　10のアイデアより、100のアイデアのなかに、よりよいアイデアが眠っている可能性が高い。アイデアは、できるだけたくさんあったほうがよいということである。ところが、良いアイデアだけを出そうとすると、なかなか出ない。それよりも、まずは量を出すことを意識することで、頭がほぐれて思いがけないアイデアが生まれることが多くなる。

・One Conversation at a time ＝一度に話すのは一人。

　議論が盛り上がってくると、みんなが一斉に話しはじめてしまうことがある。そうすると、一人の発言にフォーカスできなくなり、せっかくのアイデアを共有できなくなってしまうことがある。そこで、**一度に話す人は一人**と気をつける。全員が、いま話している人の言葉に耳を傾け

るようにすることで、より話しやすい雰囲気も生まれることになる。

・Be Visual ＝視覚化しよう!
　出たアイデアは、残らず書き留めるようにする。その際、一人ひとりが手元でメモをとるのではなく、全員が見られるように、付箋紙やホワイトボードを使って、書き出していくことが大切である。どんなに記憶力のよい人も、全てのアイデアを覚えておくことはできない。視覚化することで、出てきたアイデア全てを記録することができるとともに、また、思考が煮詰まったとき、これまでに出たアイデアを遡ることで、新たなアイデアのヒントを探すことができるようになる。アイデアの視覚化は、付箋紙や小さく切った紙を使い、1枚にひとつずつアイデアを記入していくと効果的である。ホワイトボードに書き出す方法もあるが、後で並び替えることができるようにすると、次のステップにつなげやすくなる。

・Headline your Idea ＝アイデアは一言で!
　これも、アイデアを共有しつなげていくための工夫のひとつである。自分のアイデアを説明するのに、長々と話す人がいるが、アイデアはできるだけ一言で表現することが望ましい。簡潔に伝えることで、一人が演説するのではなく、他の人の発言の機会を増やすことができるようになる。**次の人にどんどんバトンを渡して行く**ことが大切である。

・Build on the Ideas of others ＝他のアイデアに乗ろう!
　他人の意見から連想する、という発想法である。人間は、他の人がよいアイデアを出すと、負けじともっと良いアイデアを出そうとしてしまうものである。しかも、無意識に自分だけが思いついた斬新なアイデアを探そうとしてしまう。こうした気負いは、かえって自由なアイデアが出てくることを規制してしまうことが多い。**他の人のアイデアに一言つけくわえるだけでもOK**という柔らかい心構えが重要である。

・Stay on topic ＝議題に集中しよう！

　ブレインストーミングがうまく進み始めると、楽しく盛り上がることができるが、一方で楽しすぎることで、つい雑談になったりすることがある。気づくと、自分の知識を一生懸命話しているが、議題とは関係なかった、ということも起こり得る。**ブレーンストーミング中は、議題に集中する**ことが大切である。そのためには、模造紙やホワイトボードに議題を書き出しておくと、脱線しそうになっても、戻りやすくなる。もちろん、あらかじめ議題を明確にしておくことも重要なポイントである。

・Encourage Wild Ideas ＝ワイルドなアイデアを奨励しよう。

　ワイルドなアイデアを奨励することは、否定しないことと同じくらい、重要なポイントである。ワイルドなアイデアとは、**一見、荒唐無稽なアイデア、馬鹿馬鹿しいアイデア**である。こうしたアイデアを「いいね」と認めることが大切である。発想の飛躍したアイデアは、もしかしたら本当に重要な発見かもしれない。それ以上に、ワイルドなアイデアが多く出て、メンバーがそれを奨励できるような雰囲気が生まれると、さらに多くのアイデアが出やすくなる。**ワイルドなアイデアを奨励することは、クリエイティブな発想の原動力**になる。

　その他のポイントとしては、**司会役を立てると、うまくアイデアをひきだせることが多い**。発言を促したり、新しい視点を提供したりする人がいることで、アイデアが深まり、広がりやすくなる。また、メンバーの多様性も重要である。人数が多すぎると全員のアイデアを引き出しにくくなるため、人数は7人くらいまでが妥当である。また、発想の刺激になる写真やグラフなど視覚的な資料や手触りのあるもの、コーヒーやお菓子などを用意し、リラックスできる雰囲気づくりをすることも大切である。

　重要なのは、技法を身につけること以上に、グループの風土として、新しい発想や視点を生み出しやすい体質を身につけていくことである。最初に実践する時には、思うように発想が広がらず、とまどうこともあるかもしれないが、リラックスして楽しみながら挑戦してみることで、だ

んだん頭も身体もほぐれてくるはずだ。何度もトライするうちに、自然に柔軟な発想が生まれやすくなる。

◆アイデア評価の技法

　ブレインストーミングが終わった時点で、手もとには多くのアイデアが残っているだろう。これらを、どのように評価すればよいだろうか。

　「私たちがいま、議論すべき問いは何か？」というディベートのテーマを探すブレインストーミングの場合、多種多様なテーマが付箋紙に書かれ、テーブルに置かれているはずだ。この中からひとつあるいは複数の候補を絞り込んでいくための前提として、まず必要な手順は、ひとつひとつを独立した問いにまとめることである。既にすべてのアイデアが問いの形になっていればよいが、たとえば、「憲法第9条」、「違憲」、「改正」という付箋紙が関連するキーワードとしてまとまったとすれば、「憲法第9条は改正すべきか否か」という問いにすることができるだろう。また、「首都は東京がよいか」、「他の都市を首都にする可能性はあるか」、「東京の災害対策は十分か」といった複数の似た問いがあったとすると、「首都移転は是か否か」というひとつの問いにまとめることができる。

　いくつかの問いがまとまったら、次に、これらのなかでもっともよい問いはどれかを評価する段階に移る。アイデアや視点の優劣は普通、単一の評価軸でははかりにくいものである。複数の問いを眺めているだけでは、どれがよいのか判断がつきかねるだろう。そこで、いくつかの評価軸を用意し、それぞれの問いをみていくことが有効となる。ディベートの問いとして、「まだ結論が出ていない問題、つまり肯定、否定をめぐって社会が二分されている問題であること」と、「大学生が議論するのにふさわしいものであること」が重要だとするなら、このふたつの観点からそれぞれの問いの案を評価する。模造紙などに2つの軸を書き込み、直感的に付箋紙を配置してもよいし、個々の問いの評価を各自が点数づけして、集計の結果をグラフにプロットするという方法でもよい。この作業の結果、問いは次頁の図のように分布するはずだ。

　優れた問いは、図の右上のほうにあり、そうでない問いは左下に置か

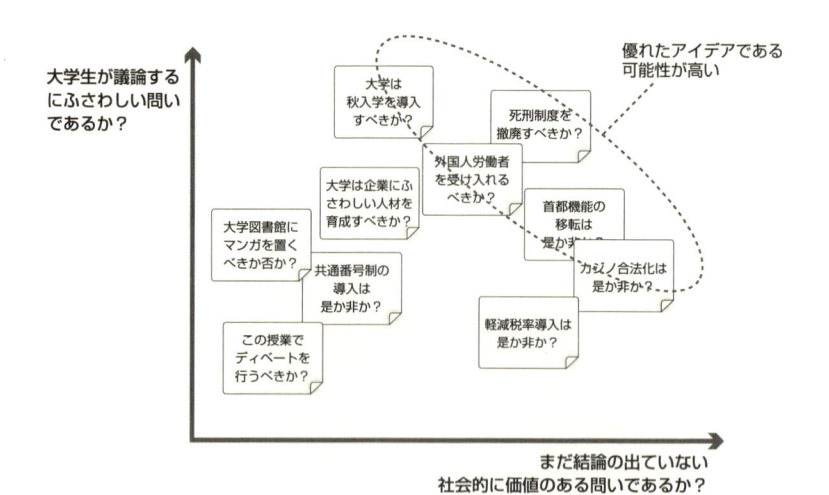

グラフにプロットしてアイデアを評価する

れる。直感的に「だいたいこのあたりの問いが、優れた問いといえそうだ」ということがわかるだろう。とはいえ、完全に順位がつくわけではないということもわかるはずだ。結論の出ない問題である点は優れているが、大学生が議論するのにふさわしいかどうかという評価は下がる問い、あるいはその逆の問いが拮抗する場合がある。

また、図では2軸のみの評価を示したが、3軸以上の評価も可能である。上の2軸のほかに、さらに「社会にとって重要な問いか」、「どうしても議論してみたい問いか」などという項目を加えて、同じように議論しても構わない。グラフにする場合は原理的に三次元、四次元になってしまうので、この場合は各項目を数値化して比較することになる。

多くの場合、圧倒的に優れたアイデアが満場一致で決まることはなく、一長一短のあるいくつかの候補が絞られることになる。ここで重要なのは、**それぞれのアイデアのどの部分が優れていて、どの部分がそうでないかということを、グループのメンバーと共有できること**である。漠然とよさそう、よくなさそうというのではなく、また少しでも点数の合計の高いものに事務的に決定するのでもなく、**各アイデアの優れた部分を理解し、最終的にどれを選択するかを議論して決めること**である。

	大学生が議論するにふさわしい問いであるか？	まだ結論の出ていない問いであるか？	社会にとって重要な問いか？	どうしても議論してみたい問いか？	合計
大学は秋入学を導入すべきか？	9	5	6	7	27
大学は企業にふさわしい人材を育成すべきか？	7	4	7	6	24
共通番号制の導入は是か非か？	4	3	5	5	17
軽減税率導入は是か非か？	4	6	6	6	22
外国人労働者を受け入れるべきか？	8	5	8	7	28
死刑制度を撤廃すべきか？	9	7	8	8	32
カジノ合法化は是か非か？	5	9	5	9	28
大学図書館にマンガを置くべきか否か？	6	3	4	5	18
この授業でディベートを行うべきか？	3	3	2	6	14
首都機能の移転は是か非か？	6	8	7	7	28

表を作成してアイデアを評価する

◉準備段階で有効な技法
◆グループ調査

　テーマが決まったら、そのテーマに関する資料を集める段階に進む。
　グループ学習を進める過程では多くの場合、メンバーが分担して資料を集めるという作業が必要になる。課題によっては、ブレインストーミングに先だって資料を探すパターンもあるし、ある程度方向性を決めた上で調査に向かうケースもある。
　個人での調査に比べて、グループで行う調査は当然、格段に多くの情報を集めることができる。しかしその分、**それぞれが何を調べているのか、何が見つかったのかといった情報を共有しながら進めなければならない難しさ**もある。
　重要なのは、**一度調べて資料を持ち寄ればそれで終わり、とは考えない**ことである。グループ調査の手順は、まず1週間で各自が集めた資料を持ち寄り、それぞれの資料がどのようなものであるかを全員で把握し、さらに翌週は足りない部分を手分けして集めるという繰り返しの作業で

あると認識しておくべきである。そのように理解しておけば、自分が集めた資料を効率的にまとめ、他のメンバーに伝えることや、他のメンバーの調査を自分のことのように興味を持って理解することがいかに重要かがわかるはずだ。よく生じる好ましくない状態は、たくさんの論文や書籍を集めただけで、その全体像を誰も把握できないまま本番のプレゼンテーションを迎えてしまうというケースである。他のメンバーの持ち寄った資料に目を通す時間が取れないだけではなく、自分が集めた資料も十分に理解できていないということが起こる。図書館で資料を集めたところで満足してしまうことで生じるもったいない結果である。

　調査にあたっては、資料を検索し入手する時間以上に、それを読み込み理解するのに時間がかかるということを忘れないで欲しい。まして、グループ調査の場合は、**他のメンバーの集めた資料を把握する時間も必要である**。集めた論文や資料を隅々まで精読する必要はないが、およそどのようなことが書かれているか、どのようなデータが記載されているかを把握し、可能ならば数行のメモをつけておくとよい。各自がそこまで準備した上で、全員で資料のレビューをする時間をとり、全体像を理解した後で次のステップに進むことが望ましい。

◆集合的な知の形成

　調査で集めたデータを、どのようにまとめたらよいだろうか。また、資料を読み込んで論点をまとめていくために、どのような手法があるだろうか。
　こうした、アイデアやデータを統合し、新しい知を形成していくフェーズにも、基礎的な技法がある。代表的なのが、KJ法といわれる情報の統合化手法である[2]。
　ブレインストーミングは発想を広げる拡散の手法で、グループ調査はテーマに関する知見を深めていく作業であったが、次に必要になるのは、**アイデアや視点を構造化する作業**である。テーマや目的によって多少変わるものの、基本的な作業プロセスは次の通りである。まずはグルーピング

---

[2] 川喜田二郎『発想法 創造性開発のために』、東京：中央公論社、1967年。

を行い、それに名前をつける。次に、グループ間の関連を見つけ出し、最終的なアウトプットにつなげていく。以下、簡単に、この作業を説明する。

・もう一度、ブレインストーミングを行う

　ブレインストーミングは、一回行ったら二度と行ってはいけない、というものではない。むしろ、各局面に応じて議題を変え、柔軟に実施することが有効となる。「外国人労働者の受け容れは、是か否か？」というテーマに向けて、肯定側の立論のプレゼンテーションを行わねばならないとしよう。ある程度資料を読み込んで、漠然とだがいくつかの論点が見えてきている。この段階でさらにブレインストーミングを行い、テーマの理解を深めることは、強力なプレゼンテーションを行う準備として非常に有益である。

ブレーンストーミングによる論点の抽出

　図は、「外国人労働者の受け容れに関する諸問題」をブレインストーミングによって改めて洗い出した結果である。資料の調査を終えた段階であるから、幅や深度もまちまち多くの論点や事例が挙げられている。

・似ている項目をまとめる

　次のステップは、似ている論点や事例同士を寄せていく作業である。

付箋紙の山を漠然とみると混沌としているように見えるが、そのなかには似ている論点が必ずあるはずだ。似ているもの同士をまとめていく作業を続けることで、次第にいくつかのグループが見えてくる。重要なのは、この作業を**グループのメンバーで議論しながら進めること**である。まとめ方にも様々な切り口があるが、**どのようにまとめるかを相談しながら進めることで、テーマの全体像の理解が共有できる**ようになる。自分たちが取り組んでいるテーマが、どのような広がりと傾向を持っているのかが次第に明確になってくるはずだ。

どんなテーマでブレインストーミングをしたとしても、アイデアのグループは5から10程度にまとまるのが通例だ。もし20以上のまとまりが残っているようなら、まとめ方の切り口の抽象度を上げたり、別の視点から検討を加えるようにするとよい。あまりに項目が多すぎると、全体像を把握するのが難しくなる。

・まとまりに名前をつける

アイデアのグループがある程度の数にまとまってきたら、そのグループに名前をつけていく。「社会状況の整理と外国人労働者の受け入れの必要性」、「社会的コスト」、「不況と失業問題」、「日本社会の閉鎖性」、「犯罪率の上昇」など、まとまりごとに名前をつけていく。この段階で、新しいアイデアや視点が出てくれば、それを加えても構わない。

・まとまりごとの関係や構造を考える

続くステップでは、グループ間の関係を考えてみる。立論のプレゼンテーションの準備であれば、肯定論あるいは否定論をどのように主張していくかを念頭に置きながら、問いの背景となる問題やデータ、外国人労働者を受け容れた場合の具体的な課題やメリット、肯定側と否定側の主張の立脚点となる論点やデータなどを検討していく。こうした作業を行い、**主張の見取り図を描いていくことで、議題をめぐる幅広い論点をグループで共有することができ、自分達の主張の強みと弱みが明確になる**。本番に向けて、どういったデータを用意しておくかといった準備の

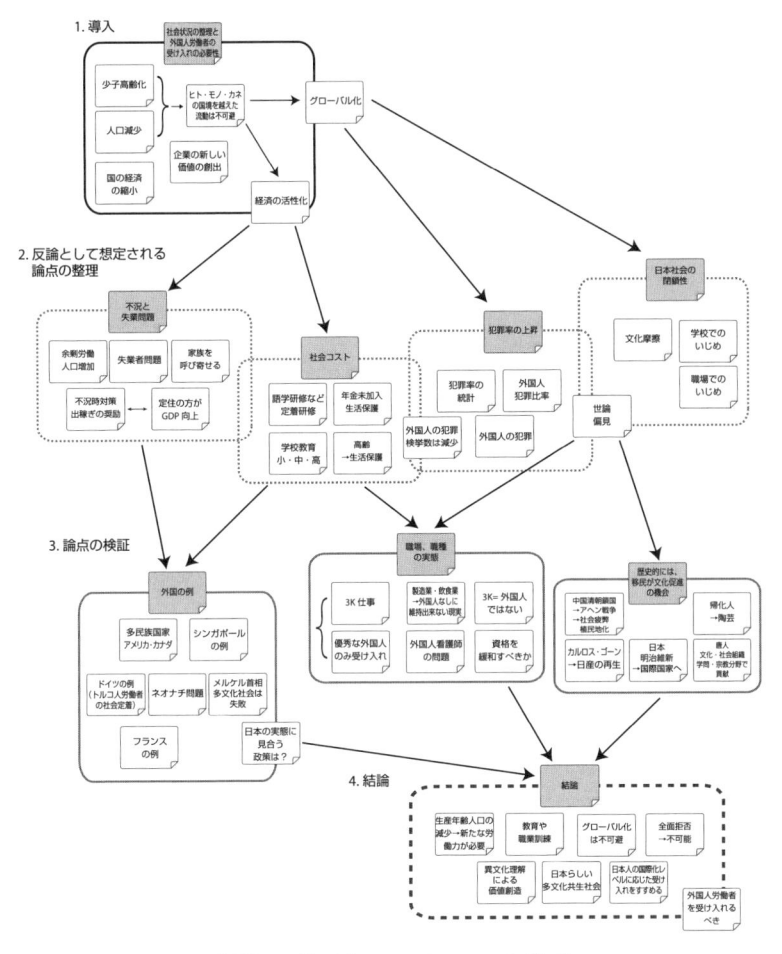

立論のプレゼンテーションの構成

　ポイントも明らかになるだろう。特にディベートにおける質問と反論の時間では、グループメンバーが論点の全体像を理解し共有していることで、相手の質問に柔軟に対応することができるようになる。

　繰り返し述べるように、こうした作業をグループで行うことの意義は、自分一人が理解するだけでなく、論点をグループのメンバーで共有できるという点である。問題の全体像を共有することで、一人ひとりが別々

の立場から思いつきで意見をぶつけ合うのではなく、一人ひとりの知見や視点を全員の理解を深めてく学習に結びつけることができるようになる。そのために、ブレインストーミングや集合的な知の形成手法など定式化された技法を積極的に取り入れてみることが有益である。

◆リハーサル

　どのような課題であっても、必ずリハーサルは行ってみて欲しい。**リハーサルが重要なのは、失敗ができるからである**。どれほどそれまでの準備が充実していたとしても、一度もリハーサルをせずに本番を迎えれば、どうしても予測通りに進まない点がでてくる。予想より時間がかかってしまったとか、画面が見づらく意図が伝わりにくかったとか、実際に本番を想定してプレゼンテーションを試しておくことで、頭のなかだけの想定よりもはるかに多くのことがわかってくる。**事前に失敗しておくことで、本番で失敗のないように、より具体的な準備ができるようになる**。

　リハーサルは、できるだけ本番と同じ環境で行うほうがよい。それによって、機材の動作確認やプレゼンテーション画面の文字が読めるかどうか、誰がどこに立って話すかといった現場でしかわからないことが確かめられる。また、可能ならば誰かにオーディエンスとなってもらい、発表のフィードバックをもらうことも有効だ。自分たちだけの実感でも多くの気づきが得られるが、特に初めて発表内容を聞く人に感想をもらうことで、内容を知らない人にどれだけわかりやすく伝えられているのかという点が確かめられる。そしてもちろん、過度の緊張をせずに本番を迎えられるというメリットもある。

　リハーサルを通じて、本番での役割分担も明確になるはずだ。グループ発表では、一人が代表して発表する場合もあるが、多くの場合、いくつかのパートに分けて何人かで分担してプレゼンテーションを行うのが普通である。自分以外の他のメンバーがどのようにプレゼンテーションを行うのかは、実際にリハーサルを行ってみないとわからないことのひとつである。内容の重複や用語の齟齬なども起こるかもしれない。グ

ループの場合は特に、言葉だけで打ち合わせるのではなく、実際にアクションを起こして課題を明らかにしていく過程が重要なのである。

● **本番　発表当日にできること**

　本番を迎えた段階で、画期的に状況を改善する有効な技法はない。本番直前まで準備を重ね、完成度を上げるより他にはない。だが、本番の時間が来てしまったら、もうそれ以上の準備はできないと腹をくくることも大切である。いくら準備に心残りがあったとしても、それを取り戻す時間はもうない。そうであれば、気持ちを切り替えて、本番の時間に集中したほうが得策である。

　直前まで準備を重ね、慌ただしい気持ちで本番を迎えてしまうこともある。一旦気持ちを切り替え、本番に臨むよう心がけることが大切だ。スポーツの試合前の円陣ではないが、短い時間でも、準備はすべてやりつくした、これから本番に向かおうという気持ちをメンバー同士で共有することも大切である。

　そのほか、発表で気をつけることのひとつは、**自分の発表だけではなく、他のメンバーやディベート相手の発表をしっかりと聞くこと**である。自分の担当が終わると気が抜けてしまい、他の人の発表が耳に入らなくなる場合もあるが、特にディベートの場合はその後に質疑応答の時間がある。自分のグループの仲間が何を発言し、相手が何を問うているのか、しっかり聞いていないと、対応できなくなってしまう。自分のグループの他のメンバーの発言の意図を察知することの重要性は、実際に体験してみないとわかりにくい点ではあるが、それができていなければ、反論しているメンバーに裏付けとなるデータを用意したり、発言の補足を行ったりというサポートができず、チームワークが発揮されにくくなってしまう。**グループでのディベートにおいては、事前の準備の内容とともに、その間に育まれたチームワークの良さが説得力のある主張につながる**。そのためにも、本番中は集中して、何が起こっているのか、誰がどういう意図で発言しているのかに耳を傾ける必要がある。

● 振り返り　グループ学習を終えたあとにできること
◆振り返りの技法
　振り返り（リフレクション）は、体験学習の必須要素である。**グループ学習など何らかの体験をした後に、その体験をもう一度思い返し、言語化することが、学びを充実させるために非常に重要である。**こうした時間を授業内で行う場合もあるが、そうでない場合は、ぜひグループで主体的に行ってみて欲しい。どんなグループであっても、本番を終えた後、何らかの想いが残っているはずだ。なかには、打ち上げを開催するグループもあるだろうが、その時、それぞれの体験を振り返る時間を持つと、さらに多くの気づきが得られるはずである。

　振り返りの方法は、様々な形があるが、個人で行う方法とグループ全体で行う方法がある。また、体験を振り返って書き出す方法や、話しあいを通じて行う方法もある。さらにこれらを組み合わせて行う場合もある。

　筆者らのクラスでは、個人／グループ、書き出す／話すという方法を組みあわせて、次のような手順で振り返りを行っている。まず一人ずつ一枚の紙を手元に置き、紙の左側にグループメンバーの名前を書き出す。次に個人でグループの過程を振り返り、それぞれのメンバーがどのようにグループ作業に参加していたか、印象的な行動や発言、頼もしかったことや嬉しかったことなどを思い出し、紙に書き出していく。そして、メンバーの一人ずつに対して、他のメンバーが感じたことを順に伝えて行く。全員からフィードバックをもらった人は、自分自身がグループ学習のなかでどう考え、行動していたかを他の全員に伝える。最後に、その他に気づいたことや感想を共有し、感謝の気持ちを述べて、グループを解散する。

◆振り返りによる学び
　こうした振り返りがなぜ学びにつながるのか。最後に2つの視点から簡単に触れておきたい。

・グループによる知識創造

　ひとつは、**振り返りによって行われる、体験の構造化**である。組織における知識創造の過程を説明したSECIプロセス[3]では、体験が活かされるには、次のようなサイクルが必要だと考えられている。自らの体験を他の人と共有し（共同化：Socialization）、それを言語として論理的に整理する（表出化：Externalization）、さらに整理された概念を体系化したり組み合わせたりし（連結化：Combination）、再び体験することで自分のものにしていく（内面化：Internalization）。体験したことを、単に楽しかった、つらかったという感想のレベルのままにするのではなく、グループのプロセスのなかで生まれた多くの気づきを他の人と共有し言語的に表現することで、それがただの体験ではなく、何らかの形で概念的に整理することができるようになる。それを携えて、さらに次の体験に向かうことが、持続的な成長のために非常に大きな役割を果たすのである。

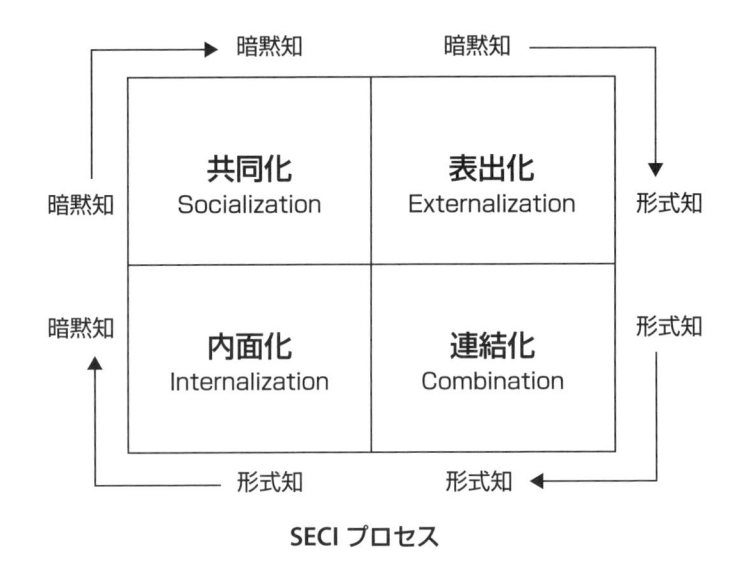

	暗黙知	暗黙知	
暗黙知	共同化 Socialization	表出化 Externalization	形式知
暗黙知	内面化 Internalization	連結化 Combination	形式知
	形式知	形式知	

SECIプロセス

---

3) 野中郁次郎、竹内弘高『知識創造企業』、東京：東洋経済新報社、1996年。

・ジョハリの窓

　またもうひとつ別の視点から、**他のメンバーからのフィードバックが、自己への気づきにつながる**という点を指摘しておきたい。「ジョハリの窓」は、自己と他者の関係変化のプロセスをモデル化した心理学の理論である[4]。これは、人間を、自分について「自分が知っている／知らない」、「相手が知っている／知らない」という2つの軸によるマトリクスと考えることで、どのように他者との信頼関係が構築されるか、自己への気づきが起こるかを説明するモデルである。

　このマトリクスの4つの領域は、Ⅰ自分について、「自分も知っているし、相手にも知られている」という「開放（open）」の領域、Ⅲ「自分は知っているが、相手には知られていない」という「隠している（hiden）」領域、Ⅱ「自分は知らないが、相手には知られている」という「盲点（blind）」の領域、Ⅳ「自分も知らないし、相手も知らない」とい

	自分が知っている	自分は知らない
相手が知っている	Ⅰ 開放の領域 (open self)	Ⅱ 盲点の領域 (blind self)
相手は知らない	Ⅲ 隠している領域 (hidden self)	Ⅳ 未知の領域 (unknown self)

ジョハリの窓

---

[4] J Luft, H Ingham, "The Johari window, a graphic model of interpersonal awareness", *Proceedings of the western training laboratory in group development*, Vol.5, No.1, University of California, 1955.

う「未知(unknown)」の領域である。

　人間関係は、お互いの開放の領域の共有が進むほど、信頼関係が構築されやすくなる。開放領域を広げるためのひとつの方法は、自己開示を行うことである。自分についてできるだけ多くのことをオープンにしていくことが、親密な関係をつくるために重要なのである。もうひとつは、「自分は知らないが、相手には知られている」という盲点の領域を広げることによって生じる。しかし、この領域は、他者からの指摘がなければ、気づくことができない。

　前節で紹介した振り返りの方法は、自分の体験を言語化するだけではなく、グループのなかで自分がどのようにあったかについて、他のメンバーからのフィードバックを受ける機会でもある。その中には、既に自分が知っていた自分もいるだろうし、自分の知らなかった自分の姿を、他のメンバーの目を通してみられるかもしれない。**自分のまだ知らない自分自身を知ることは、人間的な成長にとって不可欠の要素**である。具体的な体験を通じて、自分のありように気づくことのできるグループ学習は、単に学習内容を理解する以上の学びを得られる場なのである。そして、振り返りを行うことが、それをより確実にする契機になるのである。

　第1章、第2章を通じて、グループの成長が大切と書いてきたが、どのようなグループにも必ず終わりの時間がくる。学年がかわり、大学を卒業しても続く交友関係が残る場合もあるが、授業内で学習をともにするグループとしては、どんな場合でもひとつの区切りがやってくる。その区切りを自覚し、次の新たな学習に向かうためにも、グループ学習の最後に振り返りの機会を持つことが大切である。

> コラム

ドロップアウトについて

　残念なことではあるが、授業を続けていると、欠席しがちになり、最終的には全く来なくなってしまう学生がいる。いわゆるドロップアウトである。

　教員としては、一人もドロップアウトを出したくない。しかし、必修でない少人数セミナーでは現実として毎年ドロップアウトが出るのも確かである。それではどのような場合にドロップアウトが起こるのだろうか。

　まず指摘できるのが、学生がクラスに期待していたものと、実際の内容が合っていなかった場合である。受講生にとっては内容が物足りなかったということもあるだろうし、予想したよりもレベルが高すぎて、ついていけなくなってしまうこともあるだろう。

　また、教員と相性が合わなかったという可能性も、残念ながらあり得る。教員が学生にわざと嫌がらせをする（いわゆるアカデミック・ハラスメント）のは論外だが、教員と学生の距離が近く、教員の指導スタイルが授業の雰囲気に大きな影響を与える少人数セミナーであれば、人間同士の相性という要素が大きくなってくるのは仕方ない面もある。

　何年も同じセミナーを担当していると、ドロップアウトをする学生にもいくつか傾向があることが分かる。そのうちのひとつが、必修でもないのに課題が多い授業をいくつも取る学生である。毎年6月くらいになると突然授業に来なくなるのは、このタイプの学生に多い。全ての授業のために充分な時間がとれないというのがドロップアウトの理由だが、とりあえずいろいろな授業にエントリーして、少し出席してみたあとで「間引き」をした（またはせざるを得なかった）のだろう。そのほかのタイプとして、地道な作業が苦手な学生を挙げることができる。このタイプはクラスでは活発に発言するし、グループ作業では指導的な役割を果たすが、実際に論文を書かせてみると壁にぶつかることになる。つまり、ドロップアウトする学生は決して出来が悪いわけではなく、意識や能力が高いことも多いのである。

また、スケジュールづくりに失敗した場合もドロップアウトする可能性は高い。時間が思っているよりも限られていることに気づかず、学期末に語学や必修科目の試験の準備と論文執筆（または調査！）の時間がバッティングしてしまい、どちらかを犠牲にしなければならなくなることが多いようである。

　学生のドロップアウトを止めることはできない。しかし、実際にドロップアウトする際には以下のことを注意してほしい。まず、履修希望者が多くて選抜をしているクラスの場合、いったん履修した後ですぐにドロップアウトするということは、他の学生の学びの機会を奪うことにつながるということをしっかり認識することである。また、グループ作業をしている途中にドロップアウトすると、作業そのもの（たとえばディベートやプレゼンの準備）に支障を来すこともある。それでも受講をやめる場合は、グループのメンバーにしっかりと事情を説明して理解を求めるべきである。また、少人数のクラスの場合は教員にも一言断るのは礼儀である。教師はそういった学生を慰留するかもしれないが、最終的には学生の決断を尊重するだろう。逆に、仲の良い受講生だけにドロップアウトすることを伝え、その受講生を通じて教員がドロップアウトの事実を知らされた場合、当の学生の信用は大きく傷つくことになるので注意してほしい。きちんとした形でドロップアウトすれば、場合によってはクラスメイトや教員との人間関係は継続する。それが、後に大きく花開くこともあるだろう。クラスという制度上のつながりがなくなることは、必ずしも人間関係の終わりを意味しない。

・・

第 3 章

グループ学習と IT の利用

現在の日本では、人々の生活はコンピュータやインターネットなどの情報技術（IT）と密接に結びついている。現在の大学生は、インターネットが普及する前に人々がどのような生活をおくっていたのか想像するのは難しいだろう。学びや研究においてもインターネットの利用は普通に行われている。本章では、グループ学習を行う際にインターネットを初めとするITをどのように利用すればいいのかを考える。

1. ITと学習・研究

　コンピュータやインターネットの普及によって、我々の生活は大きく変わった。情報を得るにしても、人と連絡をとるにしても、以前は活字媒体を読んだり、手紙や電話を使用したりしていたが、現在はインターネットで検索したり、電子メールやSNS等のコミュニケーション・ツールを使用したりするのが当たり前になっている。携帯端末とインターネットを組み合わせれば、場所と時間を選ばずに原稿を書いたり、情報検索をしたり、人とつながったりできるようになった。

　研究においてもインターネットの重要性は増している。ある程度の規模を持つ大学ならば、論文、雑誌・新聞記事、統計データ、辞書・事典、政府刊行物などのデータベースと契約しているため、日本はおろか世界各地で今まで蓄積されてきた記録や知的活動の成果に容易にアクセスできるようになっている。北米など、主要な学術誌の電子化が進んでいる地域では、電子化されていない論文はどんどん読まれなくなっている（それがいいのかどうかは別の問題ではあるが）。また、海外で調査をしなければならない研究者にとっては、資料の複写や情報提供者（インフォーマント）からの情報がSNS等のサービスを通じて簡単に手に入るようになったことは、研究そのもののあり方を変えるほどのインパクトがある。たとえば、筆者（新井）のfacebookの友人の多くは調査地に

いる研究協力者である。

　新しい技術によって、書くという行動も劇的に変わりつつある。つい30年前までは、レポートや論文は原稿用紙に書くのが普通だった。それは、最初に構成を考えてからそれに肉付けをしていき、最後は清書するという順序で執筆することを意味する。それがワードプロセッサーやパソコンの普及によって、書きたい部分から書いていき、適宜編集していくという段取りで執筆することが可能になった。さらにインターネット、クラウドサービス、モバイル機器が普及すると、どこにいても、どの部分からでも論文を書くことができるようになった。

　このように、さまざまな形で利用することができるインターネット上のサービスだが、**グループ学習では、「人とつながる」ことと「情報を共有する」機能が特に重要になる。**

2. 人とつながる

　グループ学習の効果や、具体的な学習方法は本書の第1章と第2章で説明したが、それらは実際に顔を合わせて作業することを念頭に置いている。しかし、授業時間内に作業が終わらないこともよくあるし、そうかと言って授業外でグループのメンバー全員が集まる時間をとることができないことも多いだろう。そんな時に役立つのがインターネットを利用した各種のコミュニケーション・サービスである。

● 電子メール（メーリングリスト）

　インターネットを経由する連絡手段として最も利用されているのは電子メールだろう。現在では「メール」と書けば電子メールを意味するくらい普及している。

　少人数のセミナーであれば、教員がメーリングリストを作って、授業

関係の連絡や学生同士の情報共有を行うことが普通になっている。クラス内の各グループで作業する際にも、メーリングリストを作っておけば細かな連絡やアイデアの共有が手軽にできる。また、ファイルをメールに添付して他のメンバーに送れば、文書やプレゼンテーションのスライドの共有もできる。もっとも、これらの利用方法は改めて説明する必要もないだろう。メーリングリストは、学生であれば大学のアカウントを使って開設することもできるし、Googleグループ、Yahoo!グループなど、グループ内でディスカッションするためのサービスを利用することもできる。

　電子メールによるコミュニケーションの利点は、メールを送っておけば受け取る側は時間が空いたときにチェックできることである。このコミュニケーションが効果的なのは、担当者が作成した資料をメンバー全員で検討する場合などで、リアルタイムでの通信と比べて、各人が文書を読み、じっくりと考えた後で意見を表明することができる。また、グループのメンバーが忙しくて、授業時間以外では集まることはおろか、リアルタイムでの通信（73頁、74頁参照）もできない場合にも有効である。しかし、**メールを送っても相手から返信がないかぎり、読まれているのかどうか分からないという欠点もある。**

　電子メールは当たり前のように使われている通信手段だが、グループ学習などでメーリングリストを利用する際は、単に作るだけではなく、運用のコツをつかむ必要がある。ここでは特に**注意する点として3つ**挙げる。

　まずは、**メールで打ち合わせや議論を行う場合には、なるべく事前に話し合いのメンバーにその旨を伝えること**である。最近はパソコンのメールを週に一度しかチェックしない学生もいるので、添付ファイルの内容（プレゼンのスライドや資料）を検討する場合、つまり、携帯電話のメール機能では受け取れない文書を扱う場合、予め連絡しておかないと特定のメンバーから全く返信がないことも考えられる。メールを送る方は、送ったからといって全員が読んだと思い込まない方がいい。逆に、メールを受け取った方は、特に返信することがなくても、メールを受け

取ったらその旨を伝えることをグループの習慣にしておけば、どの程度メールが読まれているのかが分かる。また、メールを使って提案をしたり意見を求めたりする側は、返信がないと想像以上に孤独を感じるものなので、その点でも注意が必要である。

　2点目は、**話し合いを行うにしても提案を承認するにしても、返信の期限を決め、それまでに異論がなければ最初の提案通りに事を進める**ことである。そうでないと、いつまでたっても作業が進展せず、提案などが店ざらしの状態になってしまう。

　3点目は、**話し合いや検討のための時間を十分とること**である。メールで何かを決める場合、少なく見ても数日から1週間程度の時間が必要になる。

●テキストチャット

　電子メールは便利な連絡手段だが、その場で話し合いを行うのには不向きである（全員がコンピュータの前に座ってメールを送り合えば不可能ではないが…）。会議や打ち合わせをインターネット上で行う際には、リアルタイムで通信できるアプリケーションや、ウェブ上のサービスを利用する。それらは大きく分けて、文字でやりとりするもの、音声を使用するもの、動画を使用するものがある。

　文字でやりとりする形式のもの（テキストチャット）は、ひとつのサービスにグループのメンバーがログインして、書き込んだものがリアルタイムで画面に表示されていく。1回に書き込む文字数は、数十から多くても100文字くらいで、提案や意見の表明が簡潔な文章で続いていく。サービスによっては、音声や動画も併用することができる。

　キーボードを打ちながらの話し合いなので、音声や動画でやりとりするよりも時間がかかる。実際に会えば15分程度で終わる話でも、テキストチャットだと1時間以上かかると考える方がいい。それに加えて、話し合いが始まる前に誰がオンラインなのかを確認する作業に10分程度見ておく必要がある。

　このようにコミュニケーションそのものの**時間はかかるが、その場で**

第3章　グループ学習とITの利用

結論を出すことが可能であるし、話し合った内容が文章で残るため、議事録（備忘録）をまとめる際に役に立つ。話し合いの記録を重視するあまり、同じ場所に全員が集まっていてもテキストチャットを使用しながら話し合いを行うこともあり得る。その場合、同じ部屋に集まったメンバーが無言でキーボードをたたきながら意見をやりとりすることになる。

● 音声や動画による話し合い

　音声や動画による話し合いも、ネット回線の高速化によって現在では普通に行われている。これらの手段を使う場合は、テキストチャットのように全員がオンラインで行うというよりは、**一部のメンバーの都合がつかない場合に、その人だけが動画や音声で参加するということも多い**。

　キーボードを打つという物理的な制限がないため、この方法で行われる話し合いの速度は実際に会った時と同じか、少し遅い程度である。しかしテキストチャットと違ってそのままでは記録が残らないため、誰かが書記の役割を引き受ける必要がある。動画による会議は、各人の表情が分かって、疑似的にではあるがフェイス・トゥ・フェイスのコミュニケーションが可能である。また、会議中に他のメンバーに表や写真などを見せる必要がある場合には動画を使用する方が便利である。

　テキストチャット、音声や動画による話し合いは、グーグル（Google）、フェイスブック（Facebook）、スカイプ（Skype）など、多様なサービスで提供されている。グループのメンバー全員でコミュニケーションをとる場合、全てのメンバーが使用するサービスに登録している必要がある。複数によるチャットや会話が可能かどうか、料金がかかるかどうかはサービスによっても、時期によっても異なるので、それぞれのサービスの利用案内などをよく読んで確かめてほしい。

　いずれにせよ、インターネットを利用したリアルタイムの話し合いは、その場でメンバーの意見をまとめることができるという利点はあるが、参加者全員がその時間を空けておく必要があるため、時間の調整は必要になる。

　話し合いはテキストベースで行うにしても、音声や動画で行うにして

も、必ず議事録や備忘録を作成し、全員に送って修正があるかどうかを確認する必要がある。話し合った時には忘れないと思っていても、人間は細かいことを正確には憶えていない。あとで「あの時はこういう方針で行こうという話しになったはずだ。」と言ってもめるのは、グループがうまく機能していないとよく見られる光景である。議事録や備忘録を作成する際には、議論の細かな部分よりも話し合いの結果何が決まったのかを簡潔にまとめる必要がある。

● コミュニケーションの方法による向き、不向き

　遠隔で行うのに向いているコミュニケーションは、相手の話を聞いて、それに答える形式のものである。たとえばディベートのような議論をする場合、遠隔の方が場を共有していないので、相手が何を言っているのかに集中できる。もっとも画面に映っていないところで何が行われているのか分からないため、実際にディベートの試合を行うことはできない。

　逆に、**雑談やブレインストーミング系のコミュニケーションは遠隔だと難しい**。その場のノリや雰囲気で何かを作り出す場合は、一緒にいて盛り上がっていく方がいい。

● インターネットを使用する話し合いはどの程度役に立つのか

　ひとつ覚えておかなければならないのは、**インターネットを利用する話し合いは、決して顔を直接合わせる会合の代わりにはならない**という点である。特にプロジェクトやディベート準備の初期には、グループの方針を決めなければならないため、じっくりと議論する必要がある。また、グループのメンバーが初対面に近い間柄ならば、最初は何を考えているのかよく分からなくてとまどうことも多い。

　同じ場所にいて、場の雰囲気を共有するということが、新たなアイデアを生むために決定的に重要なこともある。アイデアがあったらホワイトボードに書き出して検討を加えたり、小さな紙に書き出してKJ法などの手法を使って考えをまとめたりするのは、実際にその場にいないと不可能である（第2章参照）。

また、上述の通り、**ネット上の話し合いは、実際に顔を合わせる話し合いよりも時間がかかる。**インターネットを利用した会議は、参加者が遠方にいて実際に会議に出席できない場合は有効だが、学生によるセミナーならば、お互いがそんなに遠く離れているわけではないだろう。そのため、昼休みなどの20～30分を利用して集まる方が効率的な場合も多い。

　予定が合わないとは言っても、予定の調整はそもそも難しい。これは学生だけでなく、社会人になっても同じである。つまり、何とか時間をやりくりして予定を合わせるのも仕事の結構な部分を占めている。幸い、インターネットによるコミュニケーションが発達したことで、実際に顔を合わせる話し合いの予定もインターネットを利用して調整することが容易になっている。

　インターネットによって、いつでもどこでも人とつながれるようになったが、誰かからのメッセージにはすぐに返事を出さなければならないという脅迫観念にとらわれることがあるなど、必ずしも良い面ばかりではない。また、いつでも人とつながれるということは、いったんボタンの掛け違いが起これはいつでも人と傷つけ合うことができることでもある。面と向かって話をするときには考えられないような誤解が起こることもあるし、面と向かっていればすぐに解決できる誤解を解くのに数日かかる場合もある。それまでの精神的な重圧は相当なものだろう。日常的に会う関係にある、セミナーの受講生同士であれば、インターネットを使用するコミュニケーションはあくまで補助的なものだと考える方がいい。

3. 情報を共有する

　グループのメンバーで情報を共有する場合にも、インターネット上の各種サービスは便利な道具になる。

● 進捗状況の報告

　グループで作業を行う際、各メンバーが作業を分担している場合、進捗状況を逐一連絡し合う必要がある。ネット上に自分の作業の進捗状況を書き込んでいけば、グループのメンバーがそれを見てフォローできるようになる。また、みんなでアイデアを書き留めたホワイトボードやノートの画像をネット上にアップロードしておけば、みんなが後から確認することもできる。このような用途は、アクセス制限が可能な掲示板やブログが適している。

● 文書やプレゼンテーションのファイルの共有

　打ち合わせの議事録・備忘録や、プレゼンテーションのファイル、集めた資料も、インターネットを利用して、グループのメンバーと共有しておくと便利である。その方法は大きく分けて2つある。ひとつは**メールにファイルを添付する**形でメンバー全員に送り、メンバー各自が自分のコンピュータ（ローカル）に整理・保存する方法で、もうひとつは**オンラインストレージサービス等を利用して、ネット上のスペースにファイルを保存する**方法である。

　ローカルにファイルを保存する場合、グループのメンバーがそれぞれファイルを保存しているため、仮に誰かのファイルが失われても、他のメンバーからもう一度ファイルをもらうことで復旧できる。また、一度送ってしまったものは後から修正がきかないため、ある時点での状況が確実に記録できる。しかし、ファイルの整理はメンバー各人に任されているため、いざという時にファイルを取り出すことが難しくなる可能性がある。

　逆に、ネット上のスペースにファイルを保存する場合は、ファイルを集中管理するため、必要なファイルにすぐアクセスできるし、誰かがファイルを修正してもいちいちそれをメールに添付して送る必要がない。しかし、サーバの不具合や操作ミスによってファイルが消えたら、メンバーの誰もアクセスできなくなるという欠点がある。このため、**グループで担当者を決めて、定期的にバックアップをとる必要がある**。

　本書の執筆時点で、ある程度普及しているオンラインストレージサー

ビスは、DropBox、Skydrive、GoogleDriveなどである。これらのサービスは、容量によって無料か、有料であったとしても比較的安価で提供されている。その他、ファイルの保存や共有そのものを目指したサービスではないが、エバーノート（Evernote）でも特定のノートブックを共有する設定にして、ノートにファイルを添付する形で共有することができる。エバーノートの場合はファイル共有だけでなく、さまざまな情報を「放り込んで」おき、後で効率的に利用できるため、グループ学習初期の情報収集・整理に向いている。また、Googleドキュメントならばひとつの文書を複数の人が同時にアクセスして編集することも可能である。これは実際に同時アクセスを見ると面白い。

　インターネット上のサービスは進化が早く、新たなサービスが生まれては消えていく状態である。また、各サービスの条件（容量、共有する人数の上限、料金）もすぐに変更される。このため、ファイルの共有をする場合にはその時々でサービスを比較して、最も自分たちの使い方に合ったものを選んでほしい。

●情報共有のポイント——ファイル名のつけ方

　電子的なファイルをメールに添付して送ったり、ネット上で共有したりする際に**注意しなければならないのはファイル名のつけ方**である。ファイルは最初に誰かが作成するもの（いわゆるたたき台）をもとに、グループのメンバーの提案を活かす形で修正を加えていく。この場合、オリジナルファイルも、各段階で修正を加えたファイルも、どこか（ネット上のスペース）で参照可能な状態にしておく必要がある。修正を加えていくファイルの場合、ファイル名を工夫すれば、どの時点で修正された物か、どれが最新版なのかを判別しやすくなる。たとえば**ファイル名に日付を入れておく**と、どちらがより新しいファイルか明確になる。プレゼンテーションやディベートの直前になると1日に数回内容を変更する可能性があるので、日付の後にアルファベットを入れておくといい。たとえば、最初のファイル名を「プレゼンA班_20121016a」としておき、その後、提案や打ち合わせの結果を反映させるたびにファイル名を

以下のように変更していく。

良いファイル名の例
プレゼンＡ班_20121016a.ppt
プレゼンＡ班_20121023a.ppt
プレゼンＡ班_20121023b（結論修正）.ppt
プレゼンＡ班_20121023c（佐藤提案反映）.ppt
プレゼンＡ班_20121025a（前日打ち合わせ反映）.ppt
プレゼンＡ班_20121025b.ppt
プレゼンＡ班_20121026a.ppt

この方式で名前をつければ、どのファイルが何日に修正されたものかがすぐに分かり、どちらのファイルが新しいかも一目瞭然だろう。プレゼンが終わった後は、実際に使用したファイルの名前を「プレゼンＡ班_20121026a（最終版）.ppt」とでも変更しておけば、後で記録を探すときにも分かりやすい。

逆に、修正を加えるたびにファイル名を手当たり次第につけていくと以下のようになってしまう。

悪いファイル名の例
プレゼンＡ班.ppt
プレゼンＡ班_修正版.ppt
プレゼンＡ班_修正版2.ppt
プレゼンＡ班_最終版.ppt
プレゼンＡ班_最終版_修正.ppt
プレゼンＡ班_最終版_再修正.ppt
プレゼンＡ班_最終版_最終修正.ppt

これらのファイルを見ても、どこを修正したものか、どれが本当の最終版だかよく分からない。最終版だと思って「最終版」というファイル

名をつけても、その後に変更が出てくることは珍しくない。特に、最後にファイルを操作した人物と、プレゼンの本番でプロジェクタにつなぐコンピュータにファイルを移す人物が別だと、未完成のスライドを使用してプレゼンすることになってしまう可能性もある。

　ファイル名のつけ方は、教員への提出物でも注意する必要がある。教員は学生が送ってくる課題のファイル名に手こずることが多い。たとえば20名のセミナーで中間レポートの提出をメールへの添付ファイルで課す場合、学生が送ってくるファイルの名前は「中間レポート.docx」「総合教育セミナー.docx」「〇〇〇〇［レポートのタイトル］.docx」「〇〇について.docx」といったものがほとんどである。教員はメールに添付されたレポートをひとつのフォルダにまとめてから採点をすることが多いので、そのフォルダには誰が送ったのか分からない名前のレポートが並ぶことになる。もちろん本文を見れば誰が送ったのかは分かるが（たまに本文にも執筆者の名前がないことがあるが）、20個のファイルの中身を確認しながら、ファイル名を変更するのは教員の仕事だろうか。提出物のファイル名は、教員が特に指定しなくても、課題の名前（中間レポート、最終レポート、書評など）、提出者の名前、日付程度は書いておくべきである。

　ファイル名をどのようにつけるかといういささかトリビアめいたことを書いてきたが、この問題の本質は、学生が「発信」することの意味をまだよく理解していないことにある。上記のファイル名は、提出する側、つまり学生の側から見たファイルの属性を表している。たとえば「中間レポート」というファイル名は、おそらく「〇〇セミナー」というフォルダに入っているのだろう。学生側から見れば、そのファイルが何なのかはファイル名とフォルダ名からすぐに明らかになるが、それは当人が保存しているファイル群の文脈の中だけの話である。当人から見れば中間レポートはひとつだけだが、教員から見れば、数あるレポートの中のひとつでしかない。自分が提出するものが、受け取る側にとってどのような位置にあるのか想像力をめぐらせてほしい。それは、自分が考えていることを他人に伝える訓練にもなる。

4. 注意すること

　インターネットはグループ学習にとって有用なツールだが、いくつか注意しなければならない点もある。

◉ プライバシーと著作権
　オンラインストレージサービスをグループ学習のために使用する場合、使用するスペースはグループのメンバーで共有するための設定をする必要がある。しかしこの**設定を間違えると、インターネットに接続している全ての人にグループ内の機密（ディベートの戦略など）や個人情報が公開されてしまう可能性もある**。また、著作権があるものを不特定多数の人びとに公開すると法的な問題にもなるので注意する必要がある。

◉ バックアップ
　ネット上でファイルを共有する場合、**必ず定期的にバックアップをとっておく必要がある**。ネット上のスペースでファイルを共有するということは、オリジナルは物理的にどこにあるのか分からないサーバ上に保存されているということでもある。グループの中にはコンピュータの扱いに慣れていない人がいるので、場合によっては誤って全てのファイルを消去してしまうかもしれない。また、サーバ管理者のミスやサーバの事故でファイルが消えてしまうこともある。
　グループで共有した情報は、そのグループが行っている作業（プレゼンやディベートの準備など）が終われば必要なくなるものが多いだろう。しかし、後になって以前集めた情報が必要になることも多いので、その時点では不要だと思っていても保存しておくことを勧める。その際、ネット上のスペースだけではなく、必ずローカル（つまり自分のハードディスクやUSBメモリなど）にも保存する。インターネット上のサー

ビスの寿命は短いため、本書で名前を挙げたサービスがいつまで利用可能か分からない。いつまでも情報が残っていると思っていたら、知らない間にサービスが停止されて、サーバに残っていた情報が全て消えていたということも十分考えられる。また、**保存する際には資料の概要をメモとしてつけておいた方がいい。**後から資料を探そうと思っても、キーワード検索だけでは出てこないことも多い。

● 流行の問題――道具に使われないようにする

　もうひとつ注意しなければならないのは、**便利だからといって、必要もないのにインターネットのサービスなどを使用しないようにする**ことである。新しい道具が手に入ると、一時的にみんながそれに夢中になるということがインターネットの世界でもよく起こる。個人のウェブサイト（ホームページ）、メーリングリスト、掲示板、ブログ、ウィキ、各種SNSなどは、一時期話題になって、多くの人が試した。これらのサービスは現在でもそれぞれの居場所を見つけて残っているが、話題になった時には実際には必要でない人も半ば趣味として利用していたと考えられる。

　娯楽としてインターネットのサービスを利用すること自体は否定しないが、グループ学習のためにインターネットを利用する場合は、きちんとした目的（たとえばプレゼンテーションやディベート）があるのだから、いたずらに道具を使おうとは思わない方がいい。学生が行うグループ作業はそんなに複雑ではない。だから、いきなりプロジェクト管理ツールを使ったり、いくつものファイル（情報）共有サービスを試したり、各サービスの細かな機能をマスターしようとしたりせず、基本的な機能を押さえたら、それを使って作業を進める方が作業の内容が充実する。せっかく使い方をマスターしたけれど、1～2年経ったら時代遅れになっていたということも多い。

　また、グループの中でひとりだけが、これらのサービスについて詳しいと、他のメンバーがついてくることができず、結局宝の持ち腐れになることも多い。この場合、ひとりだけネットの利用で突っ走る学生は、ネットを使ってグループ学習を促進させるよりもサービスを利用してみたいとい

う欲求が強いことも多い。つまり、どこでもコミュニケーションがとれたり、便利な道具が用意されていたりするからといって、それで活動が進むかどうかは別問題である。**インターネットやネット上のサービスがグループ学習をしてくれるわけではない**。それらはあくまで道具であって、それを使いこなすのは人間であるということを理解してほしい。

● 自分たちの活動の成果や記録は、なるべく印刷しておく

　最近では、ほとんどの資料が電子的に、つまりコンピュータを使用して作成されるようになった。また、書籍、論文、新聞、雑誌などの電子化も盛んである。個人も、蔵書を電子化することでスペースの節約をしようとしている。資料を電子化することの利点は、機器さえあればいつでも、どこでも大量の資料にアクセスできることである。また、電子化とOCR（光学文字認識）を組み合わせれば、キーワードを入れるだけで以前では考えられなかった量の資料の横断検索が可能である。

　学生が行ったグループ学習の記録も、多くは電子的に保存されているだろう。中には、自分が持っている記録媒体ではなく、インターネット上のクラウドサービスのスペースだけにデータを保存している人もいるだろう。しかし、**永続性という点から考えると、電子媒体だけで資料を保存するのはお勧めしない**。資料を電子化しておけば、確かに情報を記録しているメディアが読める限り、情報そのものの劣化はないが、いったんその情報が読めなくなると、全ての情報が失われてしまうという危険がある。

　知的な活動のタイムスパンは、場合によっては人の一生よりも長い。紙に書かれている（印刷されている）情報は、数十年後に引っ張り出して中を確認することができるが、古い媒体に記録されたデータを読み出すのは容易ではない。たとえば、1991年に提出した筆者（新井）の卒業論文は5インチフロッピーディスクに保存されているが、現在、私個人では読み出すことができない。それは、ファイル形式の問題、ディスクの耐久性の問題、ディスクを読み込むことができるドライブがあるかどうかの問題が関わっている。5インチフロッピーディスクのほか、今までそれなりに普及したものの、現在ではほとんど使用されなくなった媒体としてZip、MO、Superdisk

などがある（今の大学生はこれらのうちどれだけの媒体を知っているだろうか）。また、現在普及しているワープロソフトの形式で保存されたファイルを50年後に個人が読み出すことができるかどうか、極めて怪しい。つまり、いつまで存在するか分からないメディアやネット上のサービスで自分のデータを保存したり、特殊なソフト（それは現在一般に普及しているソフトも含む）だけを使って自分の考えを記録したりするのは危険である。

　もちろん、これらの媒体に記録されているデータを定期的に、その時々に普及している記録媒体やファイル形式に移し替えれば問題は解決する。大きな図書館であったり、論文や書籍を電子化するプロジェクトの場合は、記憶媒体を定期的にバックアップしていくことで長い期間情報を保存することができるかもしれない。しかし個人レベルで保存している電子情報を、いちいち定期的にバックアップをとったりするような時間と手間をかける人はそんなにいないだろう。歴史研究は忘れ去られていた記録（記憶）がある時突然発見されて進んでいくこともある。コンピュータやネットだけで情報をやりとりしたり、保存したりするということは、十年、場合によっては数年単位で大量の情報が永遠に失われていく可能性があることを意味する。

　それに対して、紙は時間が経つと変色したり、破れやすくなったりするという欠点はあるが、物理的に残っている限り、適切な処理をほどこせば結構な部分の情報を取り出すことができる。**結論から言えば、劣化はしつつも紙の方が末永く残ることが予測できる。**

　そうかと言って、電子媒体のものを全て印刷して保存するのは不可能だろう（そもそもそれでは電子化の意味がない）。印刷して保存しておくべきものは、自分たちで作ったもの、つまり話し合いの議事録、アイデアを書き留めたノート、プレゼンテーションのスライド、レポート、論文などである。これらの資料は**世界にひとつしかない、自分自身や自分のグループの記録**である。

　便利なツールが世に出れば様々な形で利用することになる。それぞれのサービスの利点と欠点をよく分かった上で、さらに未来に記録を残すことも見据えて、うまく利用してほしい。

第 4 章
ディベートとグループ学習

ディベートとは、あるテーマについて肯定側、否定側に分かれてプレゼンテーションや議論の優劣を競うゲームである。ディベーターは自分の立場（つまり肯定側、否定側）からの立論を行い、その後決まった形式に沿って反対側からの質問や、反対尋問・反駁に答えていく。最終的には審判によって勝敗が決められる。ディベートは、社会の中で生きていくために有用なスキルを身につけるための訓練方法として、教育現場や企業、官公庁の研修などで広く採用されるようになってきた。それは、与えられた問題についてただ調査をするだけではなく、得られた情報を批判的に検討し、「なぜなのか」ということを他人に納得できる形で提示する能力が重視されていることの表れである。このように論理的思考力やプレゼンテーション能力を鍛える他に、ディベートにはもうひとつ重要な効果がある。それはほとんどのディベートがチーム同士の対決なので、他人と協力しながら準備を進めなければならないという点である。ディベートの入門書や参考書は多数出版されているが、グループで作業を行うことによる効果が十分書かれているとは言い難い。このため、本章では大学生のグループ学習という視点から、ディベートについて説明する。その際、ディベートの中身に加えて運営方法にも焦点を当てる。

1. ディベートの効果

　ディベートを行う利点はいろいろある。よく言われているものとして、論理的な思考力を養うことができる、プレゼンテーション能力が向上する、相手の話を聴き、理解する力がつく、素早い思考能力がつく、物事を多角的に見ることができるようになる、明確な目標に向かって調査をすることによって、情報収集を行う能力を鍛えることができる等が挙げられる。ディベートにおいては議論において相手を論駁するだけでなく、自分の意見の正しさを審判に理解してもらわなければならない。そのた

めには自分たちの主張を分かりやすく、かつ論理的に説明する必要がある。また、肯定側、否定側どちらの側にたってディベートを行うにしても、相手側の主張を正しく理解し、それに対して的確に反論しなければならない。つまり、どちらの側も自分たちの側の準備をするだけではディベートに勝つことはできず、必ず相手方の立論を精査する必要がある。その作業を通じて、自分の側の弱点も明らかになる。

　論文を書く場合にも様々な意見を集め、批判・検討を加える必要がある。しかし、中立な立場に立とうとするあまり、「この主張は理解できる。しかしこちらの主張も理解できる。」という感想を並べるだけで終わってしまうことになりかねない。ディベートは、あらかじめ自分の立ち位置も、調査の期限も決まっている。しかも、自分たちの成果は勝ち負けという形で評価されることになる。このため、**様々な意見・主張を真剣に批判検討する訓練としてディベートは理想的なもののひとつ**だと言えるだろう。

　ほとんどのディベートではチームによって準備が進められ、チーム同士が対決することになる。このため、一人では収集・処理しきれない情報を扱ったり、チームのメンバーが納得できる形で立論の具体的な方法を決めたりすることになる。当然、自分が当初考えていた通りに準備が進むわけではないし、「これが最良だ」と信じている考えがチームで採用されないこともあるだろう。ある方針をめぐって、チームが分裂する危機に直面することもある。同時に、他人に批判・検討してもらうことによって、自分が持っていた独りよがりの思いこみに気づくこともある。また、自分が壁にぶつかったときに助けてくれる仲間がいるということを知ることができる。逆に、相手にとっても自分の助言や意見が有用だということも知ることができる。そのような経験を通じて、**集団で物事を進めることの重要性や、自分の意見を見直したり、逆にそれをグループの意見として採用に導く方法を学んだりすることができる**。この点は必ずしもディベートそのものの目的とは言えないにしても、授業にディベートを取り入れる効果としてもっと注目されてもいいだろう。

第4章　ディベートとグループ学習　　87

2. ディベートの形式

　ディベートの形式はいくつかあり、ディベートの解説書には複数の形式が書かれている。たとえば、アカデミック・ディベートの試合形式として、西部直樹は一立形式、二立形式、リンカン・ダグラス形式の3つを挙げている。

ディベートの形式の例

一立形式	二立形式	リンカン・ダグラス形式
肯定側 立論	肯定側 第一立論	肯定側 立論
否定側 反対尋問	否定側 反対尋問	否定側 反対尋問
否定側 立論	否定側 第一立論	否定側 立論
肯定側 反対尋問	肯定側 反対尋問	肯定側 反対尋問
否定側 第一反駁	肯定側 第二立論	肯定側 反駁
肯定側 第一反駁	肯定側 反対尋問	否定側 反駁
否定側 第二反駁	否定側 第二立論	肯定側 反駁
肯定側 第二反駁	肯定側 反対尋問	
	否定側 第一反駁	
	肯定側 第一反駁	
	否定側 第二反駁	
	肯定側 第二反駁	

出典：西部直樹『はじめてのディベート——聴く・話す・考える力を身につける』、東京：あさ出版、2009年、49頁より作成。

　これらの形式に従ってディベートを行ってもよいが、学生によるディベートでは、授業の目的に沿って臨機応変にルールを作り、議論に自由度をもたせてもよい。筆者らが授業で採用したのは、望月和彦が使っている自由討論型という形式である[1]。その進行は以下の通りである。

1. 肯定側立論（5分）
2. 否定側立論（5分）
3. 作戦タイム（5分）
4. 否定側からの質問と肯定側からの回答（15分）
5. 肯定側からの質問と否定側からの回答（15分）
6. 作戦タイム（5分）
7. 否定側結論（3分）
8. 肯定側結論（3分）

　ディベートをグループ学習の一環ととらえる場合、上記の試合そのものに加え、以下の要素もディベートの一部だと考えることができる。

9. 得点集計
10. 結果発表
11. 講評
12. 振り返り

　この形式の特徴は質問と回答（つまり議論）の時間が15分と長く取られていることである。**議論の段取りが細かく決まっていないので、比較的自由に議論を行うことができる**反面、ディベートとしての議論が成立するかどうかもディベーターにかかっている。本書では主にこの自由討論型の運営について記述する。
　肯定側立論から否定側結論までで、計56分になる。これに得点集計や結果発表、講評、機材の準備などに係わる時間のロスを考えると、ちょうど1回分の授業の長さとなる。しかし、実際に充実したディベートを行うと、講評が長引いたり、講評に対する学生からのコメントや質疑応答（つまり振り返り）が白熱したりして、授業時間をはるかに超えてしまうことも珍しくない。ディベートのさまざまな形式については、

---

1) 望月和彦『ディベートのすすめ』、東京：有斐閣、2003年、21頁。

ディベートの実践について入門書が多数出ているので参考にしてほしい[2]。

3. スケジュールやテーマの決定

ディベートを行う手順はおおむね以下の通りである。

・チームの決定
・スケジュールの決定
・テーマの選定
・準備作業（調査、分析、プレゼンテーションの準備、作戦を練る）
・本番
・振り返り

この手順については第2章38〜40頁に書いてある、グループ学習の基本的な流れに対応している。

●チームの決定
　ディベートのチームは2〜5人で構成されていることが望ましい。どんなに多くても、6名が限度だろう。セミナー形式のクラスでディベートを行う場合、クラス全体をいくつのチームに分けるのかは受講生の人数や授業計画等に従って決定すればよいが、準備時間も考えると一学期（15回の授業）に3〜4回のディベートを行うのが限度である。そう考えると、受講生の人数が15人程度であれば3つのチームに、20人程度

---

[2] 西部直樹『はじめてのディベート――聴く・話す・考える力を身につける』（東京：あさ出版、2009年）、望月和彦『ディベートのすすめ』（東京：有斐閣、2003年）、安藤香織・田所真生子編『実践！アカデミック・ディベート――批判的思考力を鍛える』（京都：ナカニシヤ出版、2002年）の3冊を挙げておく。

であれば4つのチームに分けることになる。この方法では各チームの人数が5人になり、ディベートのチームとしては最大だが、グループ作業を行うという点から見るとちょうど良い人数である。**チームの決定にあたっては、学生の問題関心、学部、学年、性別、適性（議論に向いているか、調査が得意か等）のバランスをとるようにする**。これは第1章（20頁）で説明した集団的浅慮を防止するという目的もある。

適性のバランスは特に重要だと言える。クラスには、プレゼンテーションは得意だが調査が苦手な学生、調査は得意だがその成果をうまく表現できない学生、集まった情報をうまくまとめ、適切な方針（作戦）を示すことができる学生、一見何もしていないように見えるが、存在することでチームがうまくまとまっている学生（いわゆるムードメーカー）など、様々な学生がいる。これらの学生をうまくマッチングさせることでディベートの本番でも、グループ学習としての準備作業でも、大きな効果を見込むことができる。このようなチームを作るためには、あらかじめ学生と教員がクラスのメンバーのことをある程度知っておく必要がある。ここで活きてくるのが、第2章に書かれているグループ学習の進め方である（ディベートのチームの作り方の具体的な方法は37頁参照）。

● スケジュールの決定

セミナー形式の授業において、一学期（15回の授業）でディベートを行う場合、以下の方法でスケジュールを組むことが考えられる。

クラスが3チームで構成されている場合は、3回のディベートで総当たり戦にする。この場合は、3回のディベートを2週間ごとに行い、ディベートの前の週の授業は準備に充てるというスケジュールにする。

1週目　準備（ディベート①）：A 対 B
2週目　ディベート①：A 対 B
3週目　準備（ディベート②）：A 対 C
4週目　ディベート②：A 対 C
5週目　準備（ディベート③）：B 対 C

6週目　ディベート③：B対C

　これだと準備を行う週には、次の週にディベートを行わないチームがひとつ出てくることになるが、そういったグループも授業中には何らかの作業、たとえばその後の週のディベートの準備等をさせるよう、教員は気を配る必要がある。
　クラスが4つのチームで構成されている場合は、トーナメントという形式を取る。その場合の授業の流れは以下のようになる。

1週目　準備（ディベート①②）：A対B、C対D
2週目　ディベート①：A対B
3週目　ディベート②：C対D
4週目　準備（ディベート③④）：ディベート①②の勝者同士、敗者同士
5週目　ディベート③：決勝戦（ディベート①②の勝者同士）
6週目　ディベート④：3位決定戦（ディベート①②の敗者同士）

　このスケジュールにすれば、クラスを3つのチームに分けても4つのチームに分けても、6週間で全てのチームが2回ずつディベートを行うことができる。
　ディベートを行う回数は、各チーム1回だけでもいいが、学生の多くがディベートを経験するのが初めてなので、最初のディベートで必ずしも実力が出し切れるわけではない。教員側の経験から言っても、初回のディベートは大抵うまくいかない。このため、**初回の反省を活かしてもう一度ディベートを行う機会がある方が、学生にとっては有益**である。

● テーマの選定

　ディベートの成否は、テーマの選定に大きく影響される。テーマによって、学生のやる気や、論理的思考を養うという目的を達成できるかどうかも変わってくる。
　ディベートのテーマ（論題）は、事実論題（過去・現在・未来におけ

る事実の有無を論じる)、価値論題(価値があるかどうかを論じる)、政策論題(政策(提案)の是非について論じる)の3種類に分けることができる[3]。論題の種類が違うと、議論の組み立て方も違ってくる。

　大学生のセミナーでディベートを行う場合、学生が選ぶテーマはほとんどが政策論題に分類される。ただ、大学1～2年生によるディベートの場合、ディベーターの多くが初心者であり、厳密な方法論に従ってディベートを進めていくよりは、ある程度自由に議論をさせることによってディベートの面白さや難しさ、議論が成立しなかった時の挫折感や噛み合った時の喜びを味わってもらった方がいいだろう。

　それでは大学生としてどのようなテーマを選べばいいのだろうか。テーマ選定の際には少なくとも以下の点に注意する必要がある。

1. まだ結論が出ていない問題、つまり肯定、否定をめぐって社会が二分されている問題であること
2. 社会にとって重要な問題であること
3. 大学生が議論するのにふさわしいものであること
4. ある専門分野に特化した、細かい議論に陥らないものであること

　1～3については、特に説明する必要はないだろう。4については、ディベートというゲームを成立させるために注意すべきものである。大学1～2年生を対象としたセミナーの受講生は、一定の知的水準をクリアしつつも、まだ専門家としての知識や経験が限られている。また、セミナーによっては複数の学部から学生が受講してくることもある。ディベートのテーマがひとつの専門分野についての細かい議論に収束してしまうものだと、審判がどちらの主張に説得力があるのか分からず、採点することができなくなってしまう。また、そのようなテーマでディベートを行う場合、ディベーターの中で実際にテーマのことを理解しているのは1人だけという可能性もある。そうなった場合、ディベートは失敗

---

3) 西部直樹『はじめてのディベート――聴く・話す・考える力を身につける』、東京：あさ出版、2009年、29頁。

であると言わざるを得ない。**ディベートは、何が真実かを争う場ではなく、どちらの意見に説得力があるかを他人が見て優劣を付けるゲームである**。審判に判断の材料を与えなければ、ゲーム自体が成立しない。

　この問題を避けるためには、学生の問題関心が偏らないようにチームを決定することが重要になる。それによって、多様な意見に触れながら、チームとしてひとつの筋道を立てていくという、グループ学習本来の目的も達成することができる。**専門分野に偏りすぎないテーマを選ぶこと**は、大学1〜2年生のセミナーで書く論文にもある程度当てはまる。この問題については第5章で述べたい。

●テーマの決定方法

　さて、上記の条件を満たし、かつ学生が意欲を持って取り組むことができるテーマはどのように決定すればいいだろうか。書店に行けば現在我々の社会が直面している問題についての本があふれているし、ディベートの入門書には、テーマの例が豊富に載っているものもある。それらの中から教員が直接テーマを選び、課題として学生に与えることも可能だが、**学生が自分たちでテーマを考えるという方法**もある。

　具体的には、ディベートを行う各チームが、クラスでのディベートにふさわしいと考えるテーマを2つずつ選んで、その重要性やディベートのテーマとしての妥当性についてプレゼンテーションを行い、最後にクラス全体の投票でどのテーマでディベートを行うのかを決定する。

　プレゼンテーションでは、自分たちが選んだテーマが前述の4つの条件を満たしており、さらにそのクラスで現在議論する必要があるということを、様々なデータをもとに主張する。クラスを3〜4チームに分ける場合、プレゼンテーションの数は6〜8なので、1回の授業でテーマを決定する場合は、プレゼンテーションの時間は6〜8分で、2〜3分の質疑応答の時間を設ける。

　学生にプレゼンテーションをしてもらうと、学生が何に興味を持っているのか、またはどんなテーマがディベートにふさわしいと感じているのかが分かる。もっとも、学生にテーマを決めてもらうとはいっても、

特に学生にしか考えられないようなユニークなテーマが次々と出てくるわけではない。たとえば、テーマ案として頻繁に登場する「死刑制度の是非」「外国人労働者受け入れの是非」などは、学生に限らず、ディベートのテーマとして最も典型的なものだと言える。

また、時事問題に関連するテーマもよく出てくる。2010年度には「教科書を電子書籍にすることの是非」、2011年度には、「原発を存続させるべきか、それとも段階的に廃止すべきか」というテーマでディベートを行った。

学生が身近な問題と認識しているものについては、「新卒一括採用の是非」「AO入試の是非」や、「大学図書館に漫画を置くべきか否か」といったものがある。中には「このクラスでディベートをするべきか否か」というテーマを出してくるグループもあり、教員側としては、自分の学生時代のノリを思い出して苦笑することになる（結局このテーマは採用されなかったが）。

学生が提案するテーマが特に目新しいものでなければ、書籍に書かれているテーマの例から適当なものを選び出すだけでいいのかもしれない。しかし、ディベート初心者の学生にとって、テーマ選定を自分たちで行うことは以下の点で効果がある。

・テーマを決定するためのプレゼンテーションの準備はディベート準備の予行演習になるだけでなく、チーム（グループ）で作業する際の導入（第2章39頁）と位置づけることができる。
・チーム内での議論を通じて各メンバーの得意分野、不得意分野が分かってくる。
・ディベートに適切なテーマを自分たちで探し、その重要性を他人に説明するという作業を通じて、ディベートとは何かということも分かってくる。
・自分たちで考えて選んだテーマなので、ディベートの成否にも責任を持つという気構えが生まれる。

第4章　ディベートとグループ学習

投票の際、いくつのテーマを選ぶのかは、クラスをいくつのチームに分けるのかによって決まってくる。前項で述べたチーム編成とスケジュールでディベートを行うならば、選ばれるテーマの数はチームの数と一致する。または、提案されたテーマのうち、実際に採用されるのは2つに1つということになる。理想的なのは各チームが提案したものからひとつずつテーマが採用されることだが、投票だと必ずしもそうなるとは限らない。自分たちが提案した2つのテーマがどちらも選ばれなかった場合、そのチームの士気が落ちる可能性もあるので、その際には教員が調整することも考えられる。

● **各チームの役割の決定**
　テーマが決定したら、次はどのチームがそのテーマについてのディベートを行うかを決める。この際、**採用されたテーマを提案したチームはディベーターにならない方がいい**。テーマを提案したチームは、そのテーマについての調査を行っているので、準備段階で相手方のチームがハンデを背負うことになる。逆に、テーマを提案したチームが審判側に回れば、既に相当の予備知識を持っているため、ディベートを行っているチームが何を言っているかをより明確に理解できるだろう。しかし、ここで注意しなければならないのは、自分たちの予備知識を元にディベーターを評価してはいけないということである。たとえば、自分たちに比べてディベーターがどの程度準備できているかを判断基準にして採点をするべきではない。**あくまでディベートの内容で判断を下さなければならない。**

　肯定側・否定側をどのチームが担当するのかについては、ディベート直前にくじ引きなどで決定する方法と、前もって決めておく方法の2つがある。前者の場合、当日までどちらの側に立ってディベートを行うのか分からない。そのため、どちらのチームも否定側・肯定側両方の準備をしなければならないので訓練としての効果は大きい。しかし、学生の負担が大きすぎることを考えると、後者の方法をとる方がいいことも多い。あらかじめ肯定側・否定側どちらの立場に立つかが決まっていても、相手方の議論を予想しながら準備をするので、多角的な物の見方を養う

という目的は達成することができる。実際には、クラスの状況を見ながら、教員が最適だと判断した方法で進めるのが望ましい。

　ディベーターに意識してほしいのは、ディベートで競うのはプレゼンテーションや議論の能力であって、どちらの立場が真理かという点ではないということである。自分の主義、主張とディベートでの立場は分けて考える必要がある。不本意な立場に立ってディベートを行うことになったとしても、決して手を抜いたりわざと負けたりしてはいけない。むしろ、自分の信念と反対側の立場を体験することで、自分の意見の弱点が明らかになることもある。また、相手側の論理の弱点を突く際には自分のチームに有用な助言を与えることもできるだろう。

4. ディベートの準備

　テーマと自分たちの立場が決まったら、ディベートの準備を始める。上記のスケジュールからも分かる通り、おおよその準備期間は2週間である。ディベートを行う目的が、素早く考える力や傾聴力など、その場でのリアクションに重点を置くならば準備期間は短くても（たとえば15〜20分程度でも）いいが、本書の例ではグループ作業や調査のスキルを磨くためにディベートを行うため、準備期間を長めにとっている。

●なるべく早く準備を始める

　ディベートの準備はグループ作業だからチームのメンバーの予定を調整しながら進める必要があるが、**初動の良し悪しで準備の出来が決まる**。理想的なのは、**テーマが決まった直後、つまりテーマを決める授業後の時間を利用して準備を開始すること**である。これは、準備はなるべく早い段階に案件を沢山片づけておくという原則に照らし合わせても正しいが、テーマについてのプレゼンテーションの内容をまだよく覚えている

うちから準備を始める方が、のちのち楽になることが多いという面もある。また、**授業の時にはそのチームのメンバー全員が集まっているわけだから、最初の会合のために後で予定を調整するよりも効率的である。**たとえ10分でもいいから、立論の方針等について意見を交わした方が、より早いスタートを切ることができる。

　自分たちの論をどのように展開させるのかについては、まずチームのメンバーでアイデアを出し合う。ここでは第2章で説明したブレインストーミングやKJ法が適している。出したアイデアは言いっぱなしにするのではなく、必ず書き留めておく。この段階では、話し合いは直接顔を合わせて行う。

　立論の流れが見えてきたら、個々の要素について調査を行う。統計データや聞き取り調査の記録などの一次資料や学術論文、研究書、その他の書籍、新聞・雑誌記事などから説得力のあるデータや知見を集める。これは分担を決めて各人が行うこともできるが、最終的にはチームで話し合いをしながら、議論の方向を一本の筋へと収束させていく必要がある。もし、調査を進めていった時に最初に決めた立論の方針に欠陥があることが分かったら、思い切って立論を変えることも必要である。

　また、**立論にあたっては、プレゼンテーションのスライドとともに、読み上げ原稿を作った方がいい。**

● 立論をしっかりさせる

　ディベートの準備において最も重要なのは、自分たちの立論をしっかりさせることである。これは当たり前に聞こえるかもしれないが、毎年この部分で苦労するチームがあるので、特に注意が必要である。典型的な失敗例は、肯定側、否定側における質疑応答、つまりディベートで最も華やかな部分における戦略を気にするあまり、最初から相手の出方を予想して、それに対する効果的な反論を立論に組み込むという、小技から入ってしまうことである。その結果として自分たちの論をどのように組み立てるのかが分からなくなってしまったり、論を組み立てたとしても、弱点が目立つものになってしまったりする。いくら相手の出方を推

測してそれに対する反論を考えたところで、相手側が予測通りに行動するとは限らないし、自分たちの論をきちんと立てることに時間を使わなければ、結局相手側から弱点を突かれて議論の早い段階で論が崩壊してしまう可能性が高い。**立論に与えられている時間は限られており、効率的に自分たちの論を展開しなければ最も大事な論点を提示する前に制限時間になってしまう**。出されたアイデアを実際にスライドや読み上げ原稿に落とし込んでいく際には、つまらない技を使う余裕などないことに気づくだろう。

● 時間の余裕を見る

準備のために実際にかかる時間は、学生の予想の2倍以上だと考えてもらっていい。たとえば立論の際に投影する表やグラフにしても、実際にある程度信頼できるデータを探し、それを映像化するためには少なく見積もっても半日は必要である。それらのデータを筋が通った立論の中に組み込んでいく作業はそれ以上の時間がかかるし、長い時間をかけて図表を用意しても、論を組み立てていくにしたがって不要になることもある。**ディベートの準備は、試行錯誤の連続である**。原案（いわゆるたたき台）はなるべく早く出し、それを検討することになるべく多くの時間を割くことで、より良いディベートに近づく。

● ディベートにおける議論を成立させるために

ディベートは、お互いの意見が真っ向から対立しなければ面白くないし、そもそもディベートを行う意味がない。たとえば、ある問題に対して**肯定側・否定側双方の主張が実質的には同じであったり、両方の主張を取り入れても矛盾しなかったりすると、議論そのものが成立しなくなってしまう**。このような状況に陥ってしまう典型的な例は、ある政策をめぐって双方とも部分肯定、部分否定の立場を（明示的にではないにせよ）とってしまい、質疑応答の段階で実質的に「合意」に達してしまう（つまり双方の意見の違いがなくなってしまう）ことである。人間と人間が理解し合う瞬間は見ていて美しいが、ディベートとしては失敗である。

このため、テーマを決定したとは言っても、ディベート準備の段階で議論の範囲を限定したり、前提を変更したりする必要が出てくるかもしれない。その際は、教員に助言を求めてもいいが、相手方のチームと調整を行う方がスムーズに進むことが多い。**議論を戦わせる側同士で話し合いを持つことに違和感を覚えるかもしれないが、議論を成立させるためには、ある程度のルールを決め、双方が同意することも必要**である。

● **全員が準備に参加する**

もうひとつ大事な点は、**ディベート準備にもチームのメンバー全員が参加すること**である。ディベートはチームとチームの総力戦である。特定の人物が全く準備に加わらなかったり、逆に特定の人物にメンバー全員が頼りっきりになったりすると、議論において的確な反論や、自分たちの立論の補強を行うことができない。ディベーター一人ひとりの準備が結果に大きく影響すると考えてほしい（もっとも、これは全ての会合に全員が出席しなければならないというわけではない）。

面白いもので、審判の立場から見ると、どのディベーターが準備に積極的に加わったのか、または準備不足なのかがすぐ分かってしまう。**チームワークができていないと、評価もその分下がる**。最も悲惨なのは、ディベートの準備をチームの特定のメンバーに頼っていたが、本人が当日やむを得ない事情で欠席するというケースである。これは、そのチームがディベートで著しく不利になるというだけではなく、ディベートそのものが成立しなくなってしまう危険もある。もしそうなってしまった場合、一番の被害者は相手方のチームだろう。せっかく準備したにもかかわらず、その成果をほとんど披露することなく勝っても達成感はない。また、見ごたえのないディベートに付き合わされることになる審判も被害者である。**ディベートに限らず、発表の本番は、常に不測の事態に見舞われる可能性を持っている**。しかし、それを補いあえるのがチームのメンバーである。この点をよく認識して、当日は誰でも立論や質疑応答に対応できるようにしておくことが求められている。

5. ディベートの本番

　ディベート本番は、今までの準備が試されることになる大事な日である。**ディベートは、ディベーターだけではなく、クラスの全員が参加することによって成立する**。だから当日はディベーターかそうでないかにかかわらず、全員が早めに教室に来て準備を行うようにする。
　ディベーター以外の人は、以下の役割が割り当てられる。

1. 司会（1人）
2. タイム・キーパー（1人）
3. 点数集計係（1～2人）
4. 機材（パソコン、プロジェクタ、スクリーン等）操作係（1～2人）
5. 撮影係（もし撮影を行うのであれば、1～2人）
6. 審判（ディベーター以外全員。上記1～5の人も審判を務める）

　教室の準備は全員で行う。まずは机を並べ変える。ディベーターの机は、教室の正面に、上から見てハの字になるように並べる。その他の机や椅子は特に並べ変えをする必要はないが、**全員がディベーターの方向を見ることができるように**しておく。タイム・キーパーは卓上ベルを用意する。
　もし、ディベートの結果に影響を与えるようなもの（たとえば一方の主張を書いたビラやポスターの類）が教室内に貼られていたら、はがす。そのようなものを

ディベート本番の様子

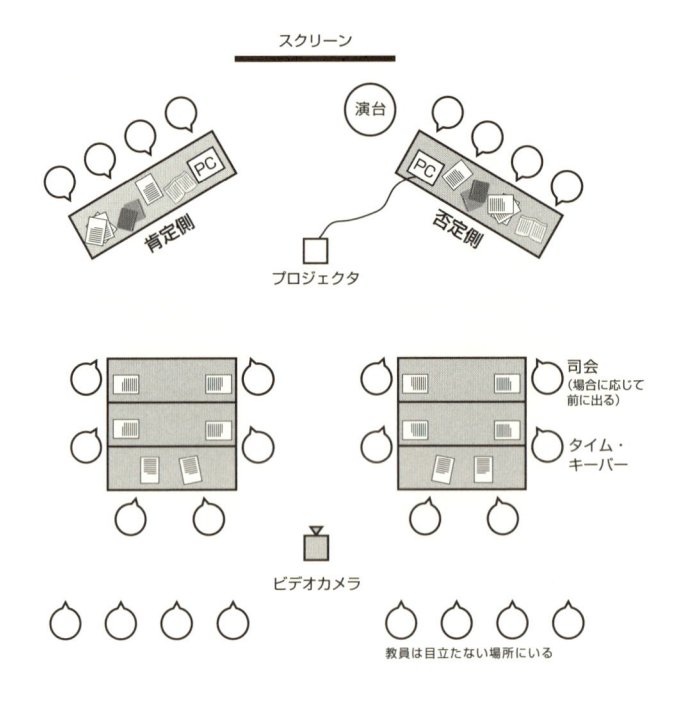

ディベート本番の教室の配置の例

補助的に使用したいという戦略は分からなくもないが、ディベートの結果はあくまでも立論や議論の内容で判断すべきであって、印象や潜在意識に訴えるような方法をとるべきではない。

　ディベート当日は、授業を運営するのは学生である。教員は、講評と審判以外は裏方にまわると考えてほしい。机や椅子を並べ変えるのも、ディベートを取り仕切るのも、ビデオ撮影を行うのも基本的には学生の仕事である。ディベーター以外は、学生、教員、ティーチング・アシスタント、それ以外（授業の見学者）の区別なく、全員が審判を務める。

　準備が整った時点で司会が開始を宣言する。その後、最終的な結果が出るまで司会が進行役を務める。

　立論の部分では、肯定側、否定側双方がお互いの主張を展開する。立論の流れ自体はある程度決まっているので、どのように効果的に資料を

提示するのか、どのような説明を加えていくのかが勝負となる。

ここでの注意点は、**ディベーターの態度**である。肯定側・否定側の立論をしている時に、反対側のチームが作戦会議をし出すということがよく見受けられる。作戦会議の時間はきちんと用意されているので、**立論の時間は相手側の立論を聞くことに注力するべきである**。採点票の例（106頁参照）を見てもらえば分かる通り、ディベートの勝敗は主張の説得力や議論の優劣に加え、ディベーターの態度、チームワーク、時間内に終わらせることができるか等も評価の対象になっている。

立論の様子

肯定側、否定側双方の立論が終わると作戦タイムとなる。ここでは相手方の論点を正確に理解し、根拠が弱かったり論理に飛躍があったりしたところをどのように崩していくのかを話し合う。また、自分たちの立論で弱い部分に気付いた場合、どのような形で防御するのかについても打ち合わせをしなければならない。ディベートをグループ学習の一環と考える場合、この部分が最も重要であると言っても過言ではない。グループがうまく機能しているかどうかが問われるからである。最近はインターネットの普及によって、情報検索を瞬時に行うことが可能になったが、**相手の立論を聞いた後に反論等をネットで探すことは禁止する**。あくまで事前の準備に基づいてディベートを行う。

作戦タイムが終わると、ディベートで最も白熱する部分である、質問と回答の時間となる。自由討論型のディベートではこの部分を長くとることによって、学生がより自由に議論することができるようになっている。基本的には、相手方の立論の弱い部分について質問することによって論のほころびを浮かび上がらせたり、主張の根拠を問いただしたりする。質問される側は、逆質問をすることはできないが、質問の意図が分

からなければ聞き返すことはできる。

　質問は一問一答形式で行う。また、相手が持論を長々と展開できるような質問は無駄に時間を食うだけではなく、議論そのものの意味がなくなってしまうので避けるべきである。

作戦タイムの様子

答えがイエス・ノー、または複数の選択肢からひとつを選ばせるような質問にした方がいい。また質問者も、質問するときに長々と持論を展開して、質問なのか演説なのか分からなくなってしまうことがないよう注意が必要である。

　もうひとつ注意しなければならないのは、**ディベート本来の目的を忘れないこと**である。たとえば議論が白熱してくると、観衆（＝審判）が置き去りにされた形になったり、相手側の人格攻撃が始まったりすることもある。しかし、最終的に勝敗を決めるのは審判である。相手方の弱点を厳しく指摘しつつ、常に第三者の目を気にしながら、冷静に議論することが重要である。

　上述の通り、自由に討論できることが必ずしも良い結果につながるわけではない。議論がかみ合わなかったり、何を質問していいのか分からなくなってしまい、場が不気味な静寂に包まれたりすることもよくある。これは、全ての質疑応答が終了した後、時間が余ったことによる、いわゆる「沈黙の時間」とは違うので注意してほしい。このようなとき、ディベーターは相当苦しい思いをしているだろうが、一番苦しいのは講評以外何もできない教員である。こうなってしまう原因のひとつは準備不足だろうが、準備を周到に行っていてもディベート慣れしていないため、質疑応答の流れの中で自分を見失ってしまい、頭の中が真っ白になってしまうことも珍しくない。もっとも、このような状況はディベートとしては望ましくないが、グループ学習という点では大変有用な経験

である。

　質問と回答のセッションが終わった後は、もういちど5分間の作戦タイムをとり、最後は議論を踏まえた上で肯定側、否定側双方が結論を述べる。ここで重要なのは、**双方とも最初の立場を守り抜くこと**である。たとえ議論の中で片方の立場が完膚無きまでに論駁されてしまったとしても、ルール上その主張を諦めるわけにはいかない。また、**結論の要点は前もって準備しておく必要があるが、肯定側、否定側とも質疑応答の結果を反映させる必要がある**。この点を十分に行わないと、単なる主張のぶつけ合いで終わってしまう。また、ここで**新たな論点を出したり、今までは提示されてこなかった資料を提示したりすることはできない**。なぜなら相手方はそれらについて質問や反論をすることができないからである。そのようなケースが出てきたら、その部分は審査の対象から除外することになる。

　結論の後は、審判による採点と、結果の発表に移る。採点については、純粋に議論の内容によって判断する方法もあるし、時間配分やチームワーク、態度、準備の状況なども考慮する方法もある。106頁には、採点票の例を掲載したので参考にしてほしい。採点票にどのような項目を入れるのかは、授業の目的や授業の中でのディベートの位置づけによって変わってくるだろう。また、採点票を作る場合、審判から見てディベーターが座っている側（つまり、審判から見て、左側か右側か）と、採点票に書かれている立場（肯定側、否定側）の位置を合わせると、採点の際の混乱を防ぐことができる。

　採点において注意する点は、**雰囲気で採点をしないこと**である。話すのが上手だった、よく通る声をしていた、態度が立派だったというだけで、議論の内容を考えずに採点をしてしまう危険は常にある。当然、そ

結論発表の様子

ディベート採点票

年　月　日

テーマ「　　　　　　　　　　」
肯定側（　　班）　　否定側（　　班）

採点項目（各3点満点）	肯定側	否定側
立論・結論（論理性・プレゼンテーション）	点	点
調査の緻密さ	点	点
質問の周到さ	点	点
応答（反駁）の論理性	点	点
時間配分	点	点
態度、チームワーク	点	点
合計　18点中	点	点

採点基準　　非常によくできていた　　　　3点
　　　　　　よくできていた　　　　　　　2点
　　　　　　あまりよくできていなかった　1点
　　　　　　がんばりましょう　　　　　　0点

〜感想・気づいた点など〜

　れらの点も重要なので、採点票は様々な項目別に点をつけていくという形式になっている。議論の優劣については、個々の審判が内容を記録しておくことが望ましい。記録をとることによって、ディベート中では優位に見えていたチームの弱点を採点時に気づくこともある。具体的な記録の取り方についてはディベートの入門書を参考にしてほしい。

● **結果発表、講評、振り返り**

　審判の採点を集計すると、いよいよ結果発表となる。準備に時間をかければかけるほど、思うような結果が出たときの感激も大きい。自分のチームの勝利が分かった途端、泣き出してしまう学生もいる。一方、万全の準備で臨んだはずなのに負けてしまった時は、その分落胆も大きい。

　ディベートは、プレゼンテーションや議論の優劣を競うゲームであって、勝ったからといってそちらの立場が正しいというわけではない。また、勝敗を決めるのは審判による採点結果であり、**審判の予備知識や質によっても結果が左右される可能性がある**。だから、勝ったからといって安心していいわけではない。たとえば、学生と教員の評価が真っ二つに分かれることはよくあるが、より多くのプレゼンやディベートを見てきた教員の評価が低くても、多数の学生による高い評価によって、論理的には弱いが学生の嗜好にあったプレゼンテーションや受け答えをしたチームが勝利することもあるだろう。また、学生が気づかなかった準備不足、理論のほころび、チームワークの優劣が教員に見えていることもしばしばある。だから教員がそろって投票したのが負けた方のチームだったということも珍しくない。

　ディベーター自身の評価と審判の評価が分かれることも多い。あるチームが「完勝だ」と考えていても、実際の投票では負けてしまったり、勝ったとしても僅差だったりして、自信満々だったディベーターが衝撃を受けることもある。しかし、期待したようなディベートを行うことができなかったり、結果が自己評価と異なったりするという経験は、ディベーターにとっても、次にディベートを行うことになる審判にとっても有益である。

　結果が発表された後は講評を行う。ここでは教員が当日のディベートについて良かった点、改善が必要な点を挙げていく。否定側、肯定側とも、評価を述べる時間や評価そのものが偏らないようにする。

　講評のほか、学生同士で振り返りを行うことも必要である。これは、負けたチームだけでなく、勝ったチームについても同じである。特に準備を綿密に行っていて、隙がないつもりだったにもかかわらず、思うよ

うな結果を残せなかった場合、授業後に教師も含めて振り返りを行う必要があるだろう。場合によっては、振り返りの時間がディベートの時間を上回ってしまうこともある。詳しくは、第2章62〜65頁を参考にしてほしい。

6. ディベートから論文執筆へ

　ディベートをセミナー形式の授業で行う場合、その目的はディベートそのものというよりは、授業の最終目的（論文やレポートをの執筆）に向かって、調査の方法を習得したり、論理的な思考を養ったりすることだろう。そうすると、ディベートから論文やレポートの執筆へと思考を転換する必要がある。ここではいくつかその注意点を挙げる。

　まず、論文とディベートの差を意識しなければならない。**ディベートが最初に自分の立ち位置を明確にするのに対して、論文では自分がどのような結論に至るのか分からない状態で調査を開始する。**また、結論を述べる場合にも、論文ではあらかじめ決められている対立軸のうちどちらかを選ぶのではなく、様々な情報や意見に批判や検討を加えながら、**自分なりの結論を導き出すことが求められる。**

　しかし、ディベートを終えた学生は、ディベート的な思考パターンからぬけ切れていないことが多い。このため、「ディベート準備のために行った調査をもとに小論文を書く」という課題を出しても、片方の意見しか紹介せずに、「私は○○を肯定する」という結論を書いてくることになる。

　もうひとつ重要な点は、ディベートではほとんどの場合チームで調査や立論を行うのに対し、少なくとも人文科学や社会科学の分野では**論文のための調査や論文執筆そのものは個人が行うことが多いということで**

ある。第5章で詳しく述べるが、論文執筆のために教員やクラスの仲間から助言や批評をもらうのは非常に重要である。しかし、それらのレスポンスをもとに、実際に論の方針を決定するのは学生個人である。ディベートに参加することで得たスキルを活かしながら、自立することが求められているのである。

第 5 章
クラスで教えあう
──論文執筆に向けて

論文執筆は、ディベートと違い、多くの場合個人による作業である。しかし、執筆する時点で他人の力を全く借りなくてもいいというわけではない。テーマの立て方、調査の方法、書式、さらにはスケジュールの立て方など、自分で準備していても思わぬところが欠落していることがある。また、特に問題がなくても、定期的に自分の論文の構想や下書きを他人にチェックしてもらうことは、執筆のリズムを作るという点で意味がある。本章では、自分がどのように論文を書き進めていけばいいのか、そして論文をより良いものにするにはどのような作業をすればいいのかを、クラスの活動を通して説明する。

1. 論文執筆のスケジュールづくり

　本書に先行する教科書、『アカデミック・スキルズ』[1]では、研究テーマの三箇条のひとつとして**「扱う情報量が適切か」**が挙げられている。テーマについての資料が本人が読むことができない言語で書かれていたり、情報を得るためには大規模な調査や実験をしなければならなかったり、分析のために特定のスキル（統計学等）が必要だったりする場合、何らかの形で自分のテーマを見直す必要がある。しかし、たとえテーマについての資料が自分が扱える言語で書かれていても、量が膨大で全てを読むことができないことも多い。それでは、適切な情報量とはどの程度の量なのだろうか。ひとつの答えは、**成果を出す期限までに扱える量**ということである。このため、論文執筆のスケジュールをどのように作るかが重要になる。

　多くの場合、論文や報告書を書くために使える時間は限られている。少人数セミナーをはじめとする大学の授業ならば、どのようなスケ

---

1) 佐藤望編著、湯川武・横山千晶・近藤明彦著『アカデミック・スキルズ——大学生のための知的技法入門』、第2版、東京：慶應義塾大学出版会、2012年、24頁。

ジュールを組むにしても、4月から授業が始まるとして、その年の12月か、遅くとも1月はじめには論文を提出しなければならない。提出後は、多くの場合、論文集作成作業がある（詳しくは第6章を参照のこと）。これは学校の授業に限ったことではない。企業や公的機関における報告書でも、提出期限があらかじめ決まっていることがほとんどである。研究がまとまった時点で発表することが前提になっている学術雑誌でも、編集の都合上、半年、または1年ごとに締切が設定されている。このため、研究者による競争が激しい分野や、業績を早く発表したいと考えている若手研究者は締切を見据えて研究・論文執筆を行っているのが実情である。

● どの程度の時間を論文執筆のために使うことができるか
　具体的にイメージする

　スケジュールづくりの重要な点は、自分が論文執筆のために使える時間を具体的に計算してみることである。たとえば、1週間の中で、

- 授業
- 予習・復習
- 通学
- 課外活動（サークル、自主ゼミ、資格予備校など）
- アルバイト
- 余暇

など、学生としての活動とそれに必要な時間を書き出してみる。次に、論文執筆に最低限必要な以下の作業、

- 計画（構成を考える）
- 調査（論文や本を取得する、読む、聞き取りやアンケート調査の準備、調査そのもの）
- 分析（得られたデータの分析、表やグラフの作成）

・執筆（本文の執筆・推敲）
・校正（書式の統一、脚注や参考文献リストのチェック）

を具体的に思い浮かべて、それぞれどの程度の時間がかかるのかを15分単位くらいで計算し、それを自分が自由にできる時間に割り振っていく。

　ここで注意しなければならない点は2つある。ひとつは、**作業そのものは思っていたよりも時間がかかること**である。たとえばアンケート調査の結果や資料から得たデータをもとに表やグラフを作成する場合、たとえ表やグラフに使う数値データが決まっていたとしても、書式を整えたり、出典を明記したり、調査方法を説明したりすると少なくとも半日は時間をとる必要がある。特に執筆自体の時間配分には注意が必要である。最初は筆が進んでいても、だんだん煮詰まってきて書くのが遅くなったり、ある時を境に全く書けなくなったりする。目安としては、レポートや論文の制限字数を自分が論文としての文章を書くことができる量（1日あたりの字数など）で割り、**その推算の2倍程度の時間**を確保すれば、締切前に多少焦る程度で書き終えることができると考えてほしい。

　もうひとつ注意しなければならないのは、自分が論文を書くために使える時間が限られている場合、どの部分の時間を削るかという点である。レポートや論文の字数があらかじめ決まっている場合、執筆のための時間を切り詰めることには限界がある。だから、締切までの時間が限られている場合は、執筆そのものの時間を確保した後、残った時間を調査や分析に使うことになる。ただ、調査や分析に使う時間が極端に限られると本末転倒なので注意が必要である。

　ここでは試行錯誤したり、執筆の方向性について悩んだり、他人の批評を受けて書き直したりする時間は書かれていない。そのため、ぎりぎりの時間でスケジュールを作ると後で慌てることになる。この問題は後で説明する締切の設定や論文の質をどのように考えるかということとかかわってくる。

● 自分で締切を設定し、それを守る

　論文執筆のスケジュールを作る場合、各作業の締切を自分で設定し、基本的にはそれを守る必要がある。

　締切が重要だということは、特に説明する必要はないだろう。締切を過ぎたらレポートを絶対に受け取らないという教員もいるし、締切後に提出されるレポートは6時間ごとに評価を1段階下げていくというシステムをとっている授業もある。6時間ごとに学生の能力が上がっていくわけではないことから考えると、時間をかければかけるほど成果物（この場合はレポート）の質は上がっていくという前提でこのような評価方法をとっているわけだし、実際もそうである。

　論文執筆のための作業に関しても同じことが言える。ひとつの作業は時間をかければかけるほど質は高くなっていくだろう。しかし、**ひとつの作業により多くの時間を割くということは、他の作業の時間を削ることでもある。**全体のバランスを見ると、ひとつの作業だけの質が突出していても、最終的な成果の質が上がるとは限らない。

　つまり、**締切とは作業を完成させる期限であると同時に、作業をやめるタイミングでもある。**100％の完成を目指さず、時間が来た時点で次の作業に進まなければ論文はいつまでたっても完成しない。また、不完全（不本意）ながらも次の作業に移っていけば、後で時間ができた時に以前の作業のフォローアップを行うこともできるし、その時にはどこをどのようにフォローアップすればいいのかが明確になっていることが多い。煮詰まっている時には往々にして意味のないことにこだわっているものだからである。**締切という時間的区切が、本人の研究の進み具合と関係なく来るところに実は大きな意味がある。**

● 時間の使い方——細切れの時間を大事にする

　「もっと時間があれば論文を書けるのに」「丸一日執筆に費やすことができれば」と考えることはよくある。たとえば、大学の教員も7年に1回は「サバティカル」という名前の研究休暇をとり、調査や研究だけをしている。セミナー形式の授業をとっている学生も、集まった資料の分

析や論文を執筆するためにまとまった時間をとる必要がある。しかし、実際に丸一日時間があいても、大して執筆が進まないこともよくある。なぜだろうか。

　時間はあればいいというものではない。時間がたっぷりあると思うと、油断して効率的に仕事ができなくなる。また、調査や執筆に使える時間がある時には、他にしなければならない仕事（課題）のことを思い出したり、自分の論の欠点などについてあれこれ悩んでしまい、執筆に集中できなくなることも多い。

　逆に言えば、時間がないからと言って研究や論文執筆ができないわけではない。よく学生に言っているが、**たとえ30分でも、15分でも、時間が空いたら調査や論文執筆に充ててほしい**。大学の構内にいるならば図書館はすぐ近くにあるし、重要なアイデアは、限られた時間の中で何かをしなければならない時の方が出やすい（後できちんとそのアイデアを検証する必要があるのは当然だが）。また、短い時間の方が、「本当にこれでいいのか」「こうしなければならないのではないか」と無駄に逡巡する暇がないため、資料を読んだり書いたりすることに集中できる。

　15分程度の時間ならば、その気になれば毎日空けることができる。それを続けていくと、レポートや学期末に提出する論文はおろか、博士論文を仕上げることも夢ではない。『毎日15分で博士論文を書く』[2]という題名の本も英語で出版されているくらいである。

　コンピュータ、特にモバイル機器の普及によって、どこにいても自分の中にひらめいたアイデアや、論文の断片を書き留めて、後で編集することが以前と比べて格段に容易になったのは第3章で述べた。この利点を活かすべきである。もっとも、細切れの時間だけあっても論文は完成しない。まとまった時間も必要なので、その点は誤解しないでほしい。

● 他人から助言を求める

　スケジュールは各人で自分で立てるものだが、レポートや論文を書く

---

[2] Bolker, Joan, *Writing Your Dissertation in Fifteen Minutes a Day: A Guide to Starting, Revising, and Finishing Your Doctoral Thesis*. New York: Henry Holt and Co., 1998.

のが初めての場合、どのように進めていけばいいのか分からなかったり、本当にこれでいいのか不安だったりすることも多い。少人数セミナーの場合、スケジュールづくりや締切について1回授業を設定して、クラス全員の認識を共有してもいい。その際は、あらかじめ受講生が各人で作成したスケジュールを持ってきてもらい、実現可能性などを話し合う。一例として以下の方法が考えられる。

1. クラスの中で2人ずつペアを作る。この場合は論文のテーマなどに関係なく、近くにいるクラスメイトとペアになればいい。
2. 片方が作成したスケジュールを相手に示し、自分がしなければならないこと、まだできていないことを話す。それに対して、もう一方が助言する。
3. 役割を交代して、2の作業を行う
4. ペアの相手を変え、2と3の作業を行う
5. 最後は今までのペアとは関係なく4人のグループ（インフォーマル・グループ、第2章35～37頁参照）を作り、それぞれが自分が作ったスケジュールや、それに対する助言について報告し合う。

この作業の中で重要なのは、**授業のスケジュールの中で自分やクラスメイトの位置を確認することと、自分自身が考えていることを口に出して他人に説明する**という点である。実際に口に出すことで考えがまとまることもあるし、思ってはいたけれども行動に移すことができなかったことに気づくこともある。また、他人の進め方がある程度分かっていると、壁にぶつかったときにどうすればいいのかも見えてくる。

ここまで見てきた通り、論文執筆のスケジュール作りとは、漠然とした計画を自分自身で、そして他人の提案を聞きながら、具体的な行動に切り分けていき、最終的にその日から何をすればいいのか、または何をしなければならないのかを確認する作業である。そうして出来上がったスケジュールを見てみると、自分が論文執筆のために使える時間は思っていたよりも少ないことに気づくだろう。そうすると、授業と授業、ま

第5章 クラスで教えあう

たは授業と課外活動の合間のわずかな時間が貴重な時間に思えてくる。逆に言えば、時間が限られているということに気づくのが早ければ早いほど、作業は余裕を持って進めることができるし、効率的に時間を使うことができるようになる。

2. いい論文を書くためのポイント

● 必ず書き直す

All Good Writing is Rewriting（優れた文章はどれも書き直したものである）という言葉がある。学生が授業の課題としてレポートや論文を書く場合、字数制限を気にしながら、締切までに何とか体裁を整えるという例も結構あるだろう。しかし、どんな文章でもはじめに書いたものは構成がしっかりしていなかったり、文章が洗練されていなかったりして読みにくい。執筆のスケジュールが決まったら、余裕を持って最初の下書きをまとめ、その後書き直しをしてほしい。下書きをしてから特に調査や分析が進んでいなくても、自分が書いた文章をもう一度見直すことで、論旨が明快になり、論文としての質がぐんと上がる。

● 完璧なものを書こうと思わない

締切を設定してそれを守ることは、実際に各論文の質についてどのような考えを持つかということとも関連している。学生にありがちな誤解に、学術雑誌に掲載されている論文はどれも完璧なものだというものがある。しかし、研究者が書いた論文でも、全ての点において欠点がないということはない。もちろん、著者が手を抜いて書いているわけではないし、査読付きの論文は掲載時における最先端の研究成果だということが、専門家によって保証されている。しかし、そのような論文であっても著者本人にとっては不満足な出来のものであることも多い。端的に言

えば、もっと時間があれば、もっとデータが取れればより良いものが書けるのである。それではなぜ「不完全」なものを成果として発表するのだろうか。

　それは、調査にも研究にも終わりがないからである。より良いものを、より完全なものを発表しようとし続ける限り、いつまでたっても成果が世に出ることはない。それよりは、定期的に暫定的な成果を発表し続ける方が、著者本人のためにも他の研究者のためにもなる。

　学生も、**はじめから完璧な論文を書こうと思わないでほしい**。満足のいくものができなかったからという理由で最終成果である論文集への掲載を見送る学生がいるが（往々にして優秀な学生がそのような行動をとるが）、大きな間違いである。**どんなに不満足な出来でも、締切が来たときに書けているものを発表して、その時点での自分の到達点を確定させるべきである**。後悔や反省がつきまとうことになるが、そうすることで次のステップに進むことができる。

　それでは、締切が来たのに論文が出来上がっていない場合、どうすればいいだろうか。

　初稿や第二稿、つまり草稿を提出する締切の場合、その時できている状態で提出した方がいい。締切を延ばしてもらっても大して質が上がるとは思えないし、いったんもともとの締切を過ぎてしまうとなぜか安心してしまって、その後の執筆が滞ることがほとんどである。最終稿の締切の場合、出来上がっているところまででうまく論文をまとめるしかない。

　しかし、どうしても完成しない場合、諦めることも必要である。その際には、担当教員や、論文集の編集が始まっている場合には論文集の取りまとめ役（論文編集委員）にはっきりとそのことを告げる必要がある。しかし、その決断は最後の最後ですればいい。たとえレポートや論文が完成しなかったとしても、それまでに自分が試行錯誤したり悩んだりしたことは決して無駄にはならないから、最後まで諦めずに自分の課題と格闘するべきである。

Never give up except when you just give up.
（諦める時以外は諦めるな。）

◉ 書けない時には

　論文を書けない理由は色々あるが、そのうちのひとつが心理的な抵抗によるものだろう。自分が書いた物を人が読んだら笑うのではないかという恐怖は、論文だけではなく、公開するという前提で文章を書いたことがある人なら誰でも感じるだろう。特に論文の場合は論理的であるだけでなく、自分の独自性も出さなければならない。独自性と荒唐無稽な話は紙一重であることも多いし、論文を書いている学生もそれをよく分かっている。だからいったん自分が書いていることに自信がなくなると、調査も、分析も、執筆も止まってしまう。

　もし論文が書けなくなってしまったらどうすればいいだろうか。物を書くことから遠ざかるというのも選択肢のひとつだが、あえて書き続けてみるという方法もある。たとえば、日記でも、軽い読み物でも、自作の詩でもいいから文章を書いてみる。論文に関することを書いてみるということでも、何を書きたいのか、書こうとしているのかを人に語りかけるような調子で（またはプレゼンテーションの台本のように）書いてみる。たとえばこんな風に……

　　今回書きたいと思ってる論文のテーマはイスラームの商品化についてです。このテーマを選んだ理由は、イスラームというと何か堅苦しいというか、伝統的な宗教といったイメージがありますが、実は社会の動きに敏感に反応しているわけです。その最先端に商品化という流れがあるわけで、たとえば若手の説教師が自分をプロモーションしようとしてブログを開設して説教のCDやDVDを売っていたり、あたかもアイドルのように顔写真が売られています。それじゃあ具体的に何について書けばいいのかということになりますけど、まだテーマを絞りきれていません。今まで見つけた資料は〇〇と△△ですが、そこに書かれていることを一言で言うと……

少し時間が経った後、たとえば1週間後くらいにもう一度自分が書いた原稿を読んでみるといい。稚拙な部分も見つかるが、結構いいことも書いていることに気付くだろう。人間、必死になって何かをしているときには思ったよりも力を発揮しているものである。

　書けない、または書いても評価されないのではないかという悩みは、学生だけが持っているわけではない。実は筆者らも同じ悩みを持ちながらこの本を書いている。以前筆者（新井）の分野で大家とされている研究者と話をしたが、新しい研究成果を出すときにはいろいろ悩むという話をされて驚いたことがある。その悩みというのは、「もうこんなもの誰か他の人が既に書いているだろう」とか、「こんなことを書いても意味はないんじゃないか」というもので、要するに大学生が論文執筆について悩んでいるのとほぼ同じ内容である。当然悩んでいる部分のレベルは違うが、学問を続けている限り、また社会人になった後も、自分がしていることの意義についてはいつも悩むものである。

> **コラム**

資料は思うように見つからない
　学生が調査したり論文を書いたりする時に悩む理由のひとつは、思ったような資料が見つからないことである。しかし、別に悩む必要はない。それが普通だからである。

　自分の仮説を裏付ける資料が出てこなかったとしても、それでその仮説が否定されてしまうわけではない。単に今までその仮説を検証するような形で調査や実験が行われなかっただけかもしれない。その場合、理想を語れば自分の研究テーマに合わせて調査や実験を行い、データを得ることになる。しかし、論文は限られた時間と予算で執筆されることがほとんどである。そうすると、必要な調査や実験の実現可能性を考える必要がある。

　自分が必要とする資料が見つからず、かつ調査や実験を行うことが現

実的でない場合、取り得る選択肢は、仮説を変えるか、テーマを変えるかの2つになる。

　ほとんどの場合は仮説を変えることで対応する。つまり、もともとの仮説に沿って集めたデータを使用して、どのような分析や議論が可能なのかということを考える。それでもだめな場合は全く違ったテーマに変えるという選択もあり得るが、これは危険である。テーマを変えたからといって、そこで思ったような資料が出てくるとは限らないし、学びという点から考えてもあまり効果が見込めない。論文を書く醍醐味のひとつは、自分が抱いた疑問に直接答えてはくれない資料と格闘することだからである。

3. 論文の構想や草稿の批評

　論文では普遍的な問題について、論理的に考え、自分なりの答えを出す必要がある。しかし、**自分だけで論文を書いていると思わぬところで誤りを犯していることも多い**。この点については、学生だけでなく長年研究を行っている教員も、程度の差はあれ同じである。このため、研究者であっても自分の論文を発表する前には他の人に読んでもらって意見を聞くことが望ましい。それは、査読付きの学術誌に投稿する前の段階においてもそうである。

　大学での授業の場合、論文の構想や草稿をチェックするのは教員の役割だが、学生同士で批評を行うのも効果的である。それは、自分と同じレベルにいる者が書く標準的な論文に触れることができるし、他人が書いた論文を批評することは自分の勉強になるからである。また、**定期的に草稿を批判し合えば、論文を書くときに陥りがちな、孤立を防ぐことにもつながる**。

● 批評する場合、どこを見ればいいのか

　他人の論文を読んで批評をするとは言っても、何をどう評価するか分からない場合には誤字・脱字を指摘したり、内容について漠然とした感想を言ったりするだけになってしまうだろう。批評する場合には、評価の基準を複数設定して、それぞれについて良い点、改善を求める点を挙げるべきである。論文を評価する基準としては、以下のものが一般的だろう。

　・書式（統一されているか、ある基準に従っているか）
　・調査（扱う資料はテーマに沿ったものか、きちんと資料を読めているか）
　・日本語（言いたいことが明確に表現されているか）
　・論理性（テーマは明確か、分析は適切か、論理の飛躍はないか）
　・中立性（論にバイアスがかかっていないか）
　・独自性（オリジナリティがあるか）

　学生同士が授業中に論文の批評を行う場合、どの点に注目すべきだろうか。書式については気にし出すときりがないし、問題点をある程度指摘すればあとは教科書を見ることで解決できる。また、調査がきちんとされているかどうかを検証するには、実際に使用された資料を読むことも必要になる。授業で批評を行う場合、そこまでできる時間的余裕はないだろう。

　日本語の表現については注意が必要である。主語がはっきりしなかったり、冗長な文章を書いていれば、それをはっきり指摘する必要がある。学生によっては、変に難しい単語や言い回しを散りばめた文章を書いてくることがよくある。この理由は主にふたつあって、ひとつは**難解な文章はレベルが高いという誤解をしている**ことである。確かにそのような論文も存在するが、格好をつけても中身が良くなるわけではない。もうひとつの理由は論文を書くということを難しく考えてしまい、**平易な文章を書いてはいけないと思いこんでいる**ことである。あまりに堅すぎる文章は読んでいて辛いし、同じ意味であれば短く分かりやすい文章で書

かれた論文の方が評価が上がる。高度なものと難解なものは必ずしも一致しないということを意識するべきである。

しかし、**学生が他の学生の論文を批評する時に最も注目してほしいのは、論理性、中立性、独自性である**。学生が書く論文は、往々にして論理の飛躍があったり、扱う資料とは関係ないところで持論が展開されていたりする。資料や先行研究はよくまとめているが、自分なりの分析や再検証が全く入っていないことも多い（オリジナリティについては『アカデミック・スキルズ』121～122頁も参考にしてほしい）。また、学生が書くものの中には、分析がしたいのか、特定の思想に沿った主張がしたいのか分からない場合がある。具体的には、マスコミやインターネット上で飛び交っている主張を検証することなくそのまま繰り返している場合である。これら3つは、論文の価値を決める重要な点であるし、書く方の学生も、批評する方の学生も、最も頭を使う部分である。

● 批評とは、書かれていないものを指摘することではない

学生同士の批評で、論文に書かれていないことばかりを指摘している場合がある。たとえば、「この資料があるのに使っていない」「この視点も大事なのに、そこからの分析がない」というものである。このような指摘は「書かれていない」ということを問題視しているものである。足りない部分を指摘することも時には必要だが、それは最も安易な批判の方法でもあることに注意してほしい。

批評とは、相手が何を言いたいのかを理解した上で、それが説得力を持っているかを検討することである。具体的には、使った資料を正しく理解しているのか、分析は妥当か、自分の意見を述べる際に論の飛躍や矛盾する部分がないかなどを、書かれているものをもとに検証していく。もちろん、著者の論に説得力を持たせるために決定的に欠けているデータや視点があれば指摘する。しかし、現状で論に十分な説得力がある場合は、追加の資料や視点を求める必要もないだろう。論文の字数制限がきつい場合は特にそうである。前述のように、この世に完璧な論文は存在しない。だから、「**なければ説得力に欠ける**」要素と「**あればもっと良**

くなる」要素をきっちりと分け、前者については改善を求め、後者は今後の課題として指摘するにとどめる方がいい。

誰が書いた論文であっても、文句はいくらでも言うことができる。しかし、それは必ずしも論文の質を高めることにはつながらないし、文句を言う側が知的に成長することもない。

● 授業における批評方法の例

1回の授業で学生同士が互いに論文の構想や草稿の批評を行うにはどうすればいいのか、一例を紹介する。

1. 受講生を3名のグループ（インフォーマル・グループ、第2章35〜37頁参照）に分け、各人が他の2名の論文を読む。その際、書式や誤字・脱字にはこだわらない。また論理性についても細かく検証しない。
2. 他の2名に対して、自分が面白い、または独創的だと感じた部分を伝え合う。
3. 先ほど読んだ論文を、今度は論理性に注目しながらクリティカルに読む。
4. 書かれている内容が論理的かどうかを伝え合う。
5. 別のグループを作り、1〜4を繰り返す。
6. 学生同士の批評について、分からない部分を教員に質問する。

ここでのポイントは、他人の論文を読む時に評価基準をひとつにしぼり、それぞれ別々に批評することである。また、批評する際には、以下の点に注意する。

・読むための時間を十分とること。できれば論文は前もって学生に配った方がいい。
・とりとめのない会話に陥らないこと
・非現実的な提案をしないこと

重要なのは、それらの批評によって、論文の質が上がることである。また、学生同士の批評は、批評する側も批評される側も学習の一環なので、学生が書いた論文は教員が必ず目を通す必要があるのは言うまでもない。

●「他流試合」としての批評

　複数の学部から学生が参加する少人数セミナーの場合、各受講生の問題関心や専門分野は様々である。また、自分が以前から興味を持ってはいたけれども自分の専攻とは直接関係ないテーマを選ぶこともあるだろう。要するに、各受講生が選ぶテーマは千差万別である。それでは、自分とは直接関係ない分野のことについて書かれているものにどこまでコメントできるのだろうか、またはコメントする資格はあるのだろうか。これは学生同士の問題ではなく、教員と学生の関係についても言える。たとえば歴史を専門とする教員が、理工系の学生が専門分野について書いた論文を読む場合（これは総合大学の初年次教育ではよくある）には、専門的なコメントをすることは不可能である。もちろん、これは研究者間で論文の査読をするときにもある程度言えることで、分野によっては日本にいる専門家が論文の著者のみという場合には、コメントの深度は限られることになる。

　一見すると問題に見えるが、実はこの点こそが教養を身につけるために大変重要である。

　自分の専門について、同じ専攻の学生向けに書くのは、専門課程に進めばいくらでもできる。また、自分の専門について書いて、専門家（教員）に見せるのは、かえって楽なこともある。なぜそのテーマが重要なのかという根本的な問いを発することなしに議論を進めていっても大丈夫なことが多いからである。これは批判的思考をしない怠惰な姿勢の表れというより、そのテーマが重要だということはその分野の常識になっているので改めて重要性について議論する必要がないからである。

　しかし、専門外の学生で構成されるセミナーでは、自分の専攻について思いのたけをぶちまけても得るものは少ない。他人に理解してもらえないのであれば、反論されることがない反面、何が面白いのか分からな

いし、本当に書かれていることに説得力があるのかどうか評価しようがない。だから、自分の専攻と直接関わるテーマを選ぶにしても、他の分野を専攻している学生に、自分が取り組もうと思っている問題の重要性を認めてもらうにはどうすればいいのかを訓練した方がいい。学部横断的なセミナーの場合は、書く方も読む方も、一種の「他流試合」をしていることを意識するべきである。

「他流試合」には、さまざまな利点がある。ひとつは**専門用語を多用することなしに物事を説明する訓練になること**である。専門外の人が分かるように書くとレベルが落ちると考えるかもしれないが、本当に優れている論文は、レベルを維持しながらも簡潔に、分かりやすく書かれているものである。論文を読む方の学生も、自分が知らない専門用語が出てきたり論旨が見えなかったりしたらわかったふりをせず、どんどん質問すべきである。また、書かれていることの細かな内容に立ち入ることなしに、**論文の構造がしっかりしているか、論旨が通っているか、著者が最も言いたいことは何なのかを評価する訓練を積む**ことによって、最終的には自分の専門ではない分野の論文を読んでコメントや助言をすることが可能になる。そこに至るまでの道のりが、大学生にふさわしい教養を身につけることにつながっていく。

● 他人からの批評をどのように活かせばいいのか

論文は発表前に他人に読んでもらい、コメントをもらうことが望ましい。しかし、注意しなければならないのはそれらの**コメントをどのように活かすか**である。

ひとつの事柄に対する意見は、人によってさまざまである。論文へのコメントも、人によって、てんでんばらばらである。教員同士でも正反対の意見が出てくることも珍しくない。それは教員によって専門分野や視点が違うため、それを踏まえてコメントしているからである。また、指導する立場にあったとしても、最初は論文の完成に導くような指導をあえてせず、疑問点をどんどん指摘することにとどめることもあるだろう。

論文に対して批判的なコメントをするのは、著者の研究を潰そうとし

ているからではない。もちろん、基本的な部分でミスがあれば指摘するが、その他の部分は否定されているように感じても、「私はその部分に疑問を感じるが、君はどのように説明するのか。」という具合に、学生がその意見にたどり着いたロジックを聞いているのである。だから、きちんと説明すれば理解してもらえることもあるし、理解してもらえなくても自分の中に確信があれば突っぱねる必要もある。

批判されたところを欠点と思い込み論文から削っていくと、最後に残るのは論点が全く入っていない事実の羅列ということになる。それでは論文として成立しない。

つまり、**教員やクラスメイトからの批判や助言を全て反映させようとしたら論文は絶対に完成しない**。重要なのは、**自分で考え、助言や批判を取捨選択すること**である。

4. 学びあう授業の構築

大抵の授業は教員が一人で担当する。ひとつの授業を複数の教員が受け持つ場合でも、リレー講義の形式をとっていたり、一人の専任教員のほかは学生のティーチング・アシスタント（TA、第7章参照）だったりすることがほとんどである。しかし、複数の教員が毎週顔を合わせて、20名程度の学生を指導するセミナー形式の授業もある。このような運営方法をとる授業には様々な利点がある。

●教員同士のやりとりから学生が学ぶ

教員が複数いるということは、学生一人ひとりに気を配ることができ、効果的な授業ができると考えるかもしれないが、実際はクラスが混乱することも多い。教員とは言っても、複数の分野から来ている研究者である。そうするとテーマの立て方も違えば、調査の方法、論文の書き方な

ど、皆ばらばらであることがほとんどである。

そのような場合、教える内容だけでなく学生の指導方針についても意見が合わず、その場で議論が始まることもある。学生はぽかーんとしながら教員同士の白熱した議論を見ることになるが、これには3つの利点がある。

第1に、**教員間で行われる議論に接することで、多くの学生は自分のテーマについての掘り下げがまだまだ足りないことを実感する**。同じ問題について話をしていても、研究の蓄積や視野という点で教員と学生には大きな差がある。自分のテーマについて表面的な理解しかしていないことに気づくのは、学生にとって大きな刺激になるだろう。

第2に、**教員間でもひとつの問題について意見が合わないという事実を目の当たりにすることで、自分たちがこれから取り組む問題には「正解」が用意されているわけではないということを実感できる**。たとえば一人の教員の考え方に合わせて（悪い言い方をすれば良い成績をとるため教員に媚びを売る形で）論文を書いても、別の教員から批判的な指摘を受けることもあり得る。そうすると、自分がたどりついた答えを他人に論理的に説明できるようにできるかどうかが勝負だということを、身をもって学ぶことになる

第3に、**教員同士の議論は学生同士が議論を行う際の手本となる**。議論の内容もさることながら、限られた時間の中で感情的なやりとりを避け、相手の主張を理解しながら自分の考えを伝えるという「作法」はすぐに身につくものではない。この点、身近に手本があれば、学ぶことは易しくなる。

もっとも、教員も人間である。過去の成功体験にこだわる者同士がお互いの主張をぶつけ合うと収集がつかなくなることもあるので、第3の教員が割って入る必要もあるだろう。それだけが理由ではないが、教員の数は3人が望ましいと考えている。

● 教員同士が学び合う

また、複数の教員でセミナーを運営するという形式は、ファカル

ティ・デベロップメント（FD）という点からも効果が見込める。FDの方法としては、教員やティーチング・アシスタント向けのセミナーを開催したり、自分の教授法についてプレゼンテーションを行い、他の教員との情報共有を行ったりする方法が一般的である。また、実際の教育現場を見る方法としては、同僚の教員の授業に出席し、後で教授法について助言を行うという方法をとることが考えられるだろう。この「授業参観」という手法は、他の教員の教え方に触れることで、自分の授業の方法を見直したり、他人に有益な助言を与えたりすることができるという効果が見込める反面、欠点もある。まず、ひとつの授業では常に見る側（評価する側）と見られる側（評価される側）が決まっており、見られる側は相当の心理的負担を強いられる。実際、自分の授業を見られることに強い抵抗感を覚える教員は多い。また、この手法は見る側の教員が自分の教育・研究の時間を割いて他の授業を見に行かなければならないため、実行可能な回数には限度がある。

　それに対して、複数の教員がひとつの授業を担当するという体制で授業を行うと、上記の欠点を補いながらFDを行うことができる。まず、一定期間、継続的にお互いを観察することで、1回の授業では分からなかった問題点が明らかになる。第2に、同じ目的を持った授業に参加するため、教員間の個性や教授法の違いが見えやすくなる。第3に、見る側と見られる側の境界が曖昧になり、観察されることの抵抗感が弱まる。第4に、教えることと同時に学ぶことができるので、双方にとって効率的な時間の使い方ができる。また、上記の通り教員同士が授業内で意見を出し合うということは、学生に対する教育効果もある。

　教養を身につけるために開講される少人数授業の場合、教室の中でさまざまな人間関係を築くことが多くのことを吸収する機会につながる。教員が学生の指導を行うと同時に、学生同士、教員同士で学び合うということは、教室の中で多対多の関係が築かれていくことでもある。最終的には誰が教える側で、誰が学ぶ側なのか分からないという状態になるかもしれない。それは、学校教育の制度を超えた、**本来の意味での学びである。**

第 6 章

成果を公開する
——論文集の出版

研究成果は何らかの形で発表することが求められる。**我々が行っている研究の目的のひとつは人類の知の前進に貢献すること**だから、研究によって得た知見を自分だけが知っているという状態は本末転倒である。研究成果の発表（アウトプット）には、口頭発表（プレゼンテーション）、文章による発表（レポート、論文）、電子文書による公開（ウェブ上などで）という方法がある。このうち最も重視されているのは文章による発表である。しかし、大学のセミナーで書いたレポートや論文をどこまで発表するのかについては、大学やセミナーによって方針はばらばらだろう。教員に提出して終わりになる場合もあるが、できればもう少しまとまった形にして後に残るようにすることが望ましい。本章では論文集として研究成果をまとめることについて説明していきたい。なお、**本章において出版という言葉を使用する際には商業出版ではなく、研究成果を冊子体で印刷・製本することを意味する。**

1. 研究成果を公開するということ

　研究成果を公開するということは、単に自分が達成したことを記念に残しておくことでも、他人に見せびらかすことでもない。成果を他人が見ることができる状態にしておくことは、いくつかの重要な意味を持っている。

　たとえばセミナーの受講生が書いた文章を論文集としてまとめると、将来同じテーマに興味を持った人（セミナーの場合は主に後輩）にとっては先行研究になる。その研究を読むことによって、後輩が全く同じ研究を繰り返したり、同じ過ちをおかしたりすることを防止することができる。また、時間などの制約から十分に調査できなかった部分を後に後輩が補足する可能性もあるだろう。後輩が自分の研究の誤りに気づいて議論の修正を行うこともあり得る。研究というのは最終的には誰かに乗り越えられる運命にあるのだから、たとえ自分の説が否定されたとして

も悲観することはない。むしろ、自分が成果を公開したからこそ、その分野における議論が進んだと喜ぶべきである。もちろん他人による反論に納得できなければ再反論することも可能である。

　また、研究成果に自分独自の考えが入っているのであれば、それを印刷物として残しておくことで、その考えを自分のものとして主張することができるようになる。逆に、自分が他人の成果の剽窃(ひょうせつ)を行った場合には、その事実が末永く残ることになる。そうすると、教員（＝成績をつける人物）が気づかなかった剽窃の事実を、後に誰かが気づいて指摘する可能性もある。

　もし、調査を行うにあたって特にお世話になった方がいる場合、たとえばある企業の取り組みについて担当者に聞き取りを行った場合などは、出た成果をきちんと送るのは礼儀である。こんなときにも、自分のプリンタで印刷した論文を送るよりも、論文集を献本する方がいい。

　つまり、**出版されたものは著者自身にとっては知的探求の到達点であるし、他人にとっては先行研究だったり、調査に協力した成果だったりする**。また、成果を公開するということは、自分が書いた物について権利を主張し、かつ責任を負うことでもある。いずれにせよ、自分が書いたレポートやセミナーを単なる提出物としてとらえるのではなく、成果として冊子体の印刷物にしておくことは大きな意味があることが分かるだろう。

◉末永く残る文章を書くための注意点

　本書に先行する教科書、『アカデミック・スキルズ』に書かれている通り、**学問的情報発信は公共的・普遍的な「問い」に対して、誰もが納得する「答え」が提示されている必要がある**[1]。誰もが納得するということは、同じクラスの受講生や同世代の大学生だけでなく、知的なトレーニングを受けた各世代、そして現在だけではなく未来の人々も納得するという意味でもある。当然、学問は進化していくものだから、書いた文章が永遠に価値が認められ続けていくかどうか、実際のところは誰にも分からない。古典と言われている書物は、書かれてから相当の時間

1）佐藤望編著、湯川武・横山千晶・近藤明彦著『アカデミック・スキルズ——大学生のための知的技法入門』、第2版、東京：慶應義塾大学出版会、2012年、120頁。

（数十年から数千年までその幅はあるけれど）が経っているにもかかわらず、時代の風雪に耐え、我々になお知的興奮を与えてくれるものである。しかし、古典として認められるのは同時代に書かれた膨大な書物のごく一部である。

　話が壮大になってしまったが、学生による期末のレポートや論文であっても、**書いた文章がすぐに劣化しないように気をつける**必要がある。ひとつのポイントとして、**時事問題の使い方**を挙げたい。論文の中では自分が選んだテーマの重要性を示したり、論点を理解してもらうために身近な例を挙げることがある。ここで、執筆時点で大きな話題になっている事件の例を挙げると、執筆直後は読者のほとんどが理解できるが、10年以上過ぎると誰もその事件を覚えていないことがある。もちろんその事件自体を分析対象にしてしっかり議論するならばいいが、何かを例示する際に時事問題を引き合いに出すと論文そのものがすぐに古くなってしまう危険性があるので注意すべきである。

●どこまで公開するのか／できるのか

　研究成果を公開するとは言っても、どの範囲まで公開するかはセミナーや大学、執筆者の方針によってさまざまである。研究者によるプロジェクトの成果報告書などはプロジェクトメンバーのほか、主要な大学・研究所の図書館（外国語で書かれているものならば海外の大学・研究所も含む）に寄贈する。最近は、出版物を無料で配るだけでは大したインパクトがないことが分かってきているので、商業出版を行って市場を通じて研究成果を流通させる手法をとることも多い。いずれにせよ、印刷物として論文集を出版する場合、たとえ教員（研究者）が書いたものであっても世界中の人がすぐに読めるようになるわけではない。国際的に高く評価されている学術誌に自分の論文を掲載する意味は、研究に対する評価を得るということと同時に、既に広く流通している媒体に載せることで自分の研究を広く知らしめることができることにある。しかし、学生によるセミナーの成果の場合、成果を出版しても、受講生に配るほかは、教員の研究室やセミナーの部屋（共同研究室など）の本棚に

並べておくことがほとんどだろう。その場合、実際に論文を読むのはセミナーの後輩だけということになる。たとえそうだとしても、後輩のために何かを残すことに意味があることは上で書いた通りである。

印刷物を出版するほかには、PDF ファイルやテキスト形式でインターネット上で公開するという方法も考えられる。研究者によっては自分が今まで書いた論文を自身のウェブサイトで全文公開している人もいる。セミナーがウェブサイトを持っていれば、そこに公開してもいいし、自分が書いた論文の著作権は自分にあるのだから、自分のウェブサイトで公開することもできる。ネット上で公開することは、印刷物を出版するよりは費用が安価にすむし、全世界からアクセス可能になるということだから、影響力という点でも利点は大きい。

しかし、**インターネット上で公開するとしても、やはり成果は印刷物で出版しておくことが望ましい**。筆者ら自身の経験から言っても、セミナーや個人のウェブサイトの寿命はそんなに長くない。セミナーの担当教員が大学のサーバーにサイトを開設していても、その教員が定年になるのはあっという間である。また、公開した後で直したくなる箇所が出てくることも結構あるし、実際に修正したものをアップロードし直すという例もある。レポートや論文は書いた時点の状態のものを長い期間残しておくことが重要なので、ネット上だけで公開することはなるべく避けた方がいい。この点については第 3 章でも触れている。

なお、**一度印刷物として出版されたものを後にインターネット上で公開する場合には、著者から改めて公開の許諾を取らなければならないのでその点は注意してほしい**。

2. 論文集の内容と出版の手順

論文集の出版は執筆者、編集者、業者（印刷所、デザイナー）などに

よる共同作業である。このうち、出版までに中心的な役割を果たすのが編集者であり、セミナー形式の授業の成果公開は受講生自身が編集者として作業を行うことになる。

● 論文集の内容

論文集にどのような内容を含めるかは、分野、教員の方針、セミナーの伝統によって異なる。以下は、学生による論文集の内容の一例である。

0. 目次
1. はじめに
2. セミナーの目的と内容
3. 講評
4. 論文
5. 学生による感想や反省
6. 編集後記
7. 奥付

1では論文集の概要を書く。つまり、何年度に開講されたどのセミナーの成果なのか、教員は誰なのか、セミナーのテーマは何なのかを明記する。また、各論文の著者や論文の内容を簡単に紹介してもいい。そして、出版に向けてお世話になった人（たとえば教員、各執筆者＝受講生、受講生以外の編集協力者、図書館スタッフなど、研究を行う時に便宜を図ってくれた人など）に謝辞を述べて締めくくる。また、セミナーが寄附講座の場合には、その点も明記した上で、謝辞を述べる。具体的には本書の「はじめに」を参考にしてほしい。

2はセミナーの目的と、実際に授業で何を行ったのかを簡潔に書く。3は教員による授業の評価と反省で、当初の目的が達成できたのかどうか、学生の優れていた点は何か、今後の課題は何かを書く。2は学生が書いても教員が書いても問題はないが、3は教員が書く必要がある。4は学生が書いた論文そのものを掲載する。これは、論文集で最も重要で、か

つ量が多い部分である。5はセミナーでの活動を通じて自分が何を学んだのか、それに自分は満足しているのか、改善点があれば何なのかを書く。研究の成果は論文を見れば分かるので、ここでは研究の中身そのものについてはなるべく書かないようにする。全員の感想や反省を載せるのがページ数や編集作業の量などから難しい場合は、代表者（1〜数名）を決めて書いてもらってもいい。6の編集後記は、論文集の編集に係わった人が出版までの苦労や思いを綴る。7の**奥付はうっかりすると忘れてしまいがちだが、出版日や著者・発行者などの書誌情報を確認するための重要な部分**なので、絶対につける必要がある。

● 予算

　成果の出版には費用がかかるため、そのための予算を確保する必要がある。たいていの場合、セミナーを開講している学部や研究所が成果公開のための予算（多くは数万円程度）をつけているので、その枠内で編集・出版を行うことになる。予算の多くは紙代、印刷代、製本代に費やされるが、編集作業や表紙のデザインを外注する場合には別途費用がかかる。学生主体の出版であれば、編集作業は学生が行う方が費用の面でもスキル向上の面でも望ましい。大学等からの予算がつかない場合は受講生が費用を負担したり、電子媒体で出版してウェブサイトで公開したりすることも考えられる。最終的にどうするかは論文を書いた人、つまり受講生の決断に任せることになるが、成果はなるべく印刷物の形で残しておいた方がいいということはすでに書いたとおりである。

● 編集スケジュール

　何事にも締切があること、締切に間に合わせる形でレポートや論文を仕上げることが重要だということは第5章で述べた通りである。授業の成果として論文集を出版する場合、通常は年度内に完成させる必要がある。そこから逆算すると、遅くとも以下のスケジュールで編集を行うことが望ましい。

・編集委員選出（その年の 12 月まで）
・第 1 回編集委員会、論文集の方針決定（12 月～次の年の 1 月）
・原稿依頼（1 月）
・原稿受付・校正（1～2 月上旬）
・印刷所への入稿（2 月下旬）
・印刷所からの納品（3 月）

ここに書き出したスケジュールは、セミナーが開講される年度のぎりぎりまで使うものである。しかし、学生は論文集の編集だけをしているわけではない。できれば他の活動と重ならないよう気をつけながら、これより前倒しでスケジュールを組む方が望ましい。たとえば受講生が原稿を仕上げるのを 12 月中に設定すれば、後の作業が大分楽になるし、学期末試験と論文集編集がバッティングすることを避けることもできる。

● 編集委員選出（その年の 12 月まで）

　論文集の出版は共同作業であることは既に述べた通りである。しかし、実際の編集作業を誰が行うのかは、セミナーの規模によって異なる。5～6 名のセミナーであれば、全員が編集作業を行うことも考えられるが、クラスの大きさが 20 名程度になってくると、受講生全員が編集に係わるのは現実的ではない。そのような場合は、受講生の中から編集委員を選出して出版に関連する作業を任せることになる。編集委員の仕事は原稿の依頼・取りまとめ、編集作業、表紙のデザイン、印刷所とのやりとり等である（139 頁以下を参照）。20 名程度のセミナーの場合、編集委員の人数は 3～4 名程度が適正だろう。複数のセミナーが合同で論文集を編集する場合は、各クラスから 2～3 名を選出して、クラス横断で編集委員会を構成することになる。

　編集委員の選出については、自薦（立候補）、他薦、話し合い、教員による指名という方法がある。他薦や教員が指名する場合は、学生のやる気や忙しさ、適性などを考慮して決める。適性については、最も書式が整っている論文を提出した学生に仕事を任せるという選択もあるが、

教育という観点から見ると、書式に気を配っていない学生を編集委員にして書式をそろえる訓練をさせるという方法も考えられる。いずれにせよ、短期間に集中して作業を行う必要があるので、その時間を割くことができる学生に任せることになる。たとえば作業が春休みまでかかる場合は、遠方に帰省する学生が委員になることは難しいだろう。

編集委員は論文集出版まで数回の会合を開き、編集方針や作業の進め方を決定したり、進捗状況を報告したりする。編集委員が選出されたら、第1回の会合はなるべく早く開き、委員長を選出し、編集方針を決定するとともに、必要な作業のリストアップ、スケジュール作成、編集委員間での作業の割り振りを行う。論文集編集のための会合はディベート準備のための会合とは違い、綿密に作戦を練ったり、思わぬ発見をして方針を変更したりする必要がほとんどないため、一度編集方針が決まれば後は進捗状況の報告や問題が起こった時の相談が会合の主な内容になる。

一連の作業における教員の役割は、作業全体を把握することと、いざという時には学生の相談に応じることくらいに留めておく方がいい。しかし、少なくとも最初の会合には出席して、編集の手順について説明し、その後も進捗状況を見ながら適宜助言を行う必要はある。また、業者（印刷所）の選定や、業者との打ち合わせは実社会と直接係わる部分なので、教員が状況を把握して、必要であれば助言を行うのが望ましい。

● 編集方針の決定（12〜1月）

論文集の編集を行う場合、確定しなければならないのは少なくとも以下の項目である。

〔内容や装丁に関するもの〕
- 目次（内容）
- 判型（A4、B5等の大きさ）
- ページ数（各原稿の字数）
- 装丁（表紙のデザイン・紙質、綴じ方）
- 書式（本文、参考文献リスト、脚注の書式、余白の大きさ、

文字サイズ、行間の幅、縦書きか横書きか等）
・紙の質・色
・印刷の色数（白黒か、2色刷りか、カラーか）

〔段取りに関するもの〕
・予算の確認
・必要な作業のリストアップ
・各作業の担当者
・原稿の締切日
・印刷所の決定
・印刷所への入稿日

　内容や装丁に関する部分で、判型、ページ数、装丁、紙の質・色、印刷の色数は、予算や印刷日数と係わってくる。だから、実際には予算とスケジュールに基づいてこれらを決定するという手順になる。もし最初に考えていたページ数では予算内に収まらない場合は、フォントの大きさ、行間、余白などを工夫して所定のページ内に収まるよう編集サイドで工夫する。それでもだめな場合は残念ながら論文を切り詰めてもらうしかないが、セミナーの場合なら論文の上限字数はあらかじめ決まっているのでこの問題が起こることはあまりない。
　書式については、ひとつのルールを原則として論文集に含まれる全ての論文に適用する。書式が統一されているかどうかは、決まった作法に従って書くことができるかどうか、つまり論文を書くための最低限のスキルが身についているかどうかを示す大事な指標である。書式が整っているかどうかを見れば、内容の水準がある程度分かると言っても過言ではない。論文集の場合、個々の論文中では書式が統一されていても、それぞれの論文ごとに書式がばらばらならば、水準が低いものだと言わざるを得ない。
　書式のルールはさまざまなものがあり、分野によって採用されるルールも異なっている。たとえば出典を示す場合に本文中に括弧でくくって

著者名と出版年を（渡邉 2012）のように書くか、脚注に書くか、また参考文献を書く場合にも出版年を最後に書くか、著者名のすぐ後に書くかなどは分野によって、または出版社やシリーズの方針によって異なる。毎年開講されているセミナーであれば、書式は基本的に過去のものを踏襲する。そうでない場合も、編集委員が一から書式を決めるのではなく、特定のマニュアル（たとえばセミナーで使用した論文の書き方についての教科書）に従う形にする方がいい。日本語の論文の書式は SIST 科学技術情報流通技術基準[2]など、英文であれば、Chicago Manual of Style[3]がよく知られているので参考にしてほしい。これらが難しすぎる（細かすぎる）と感じる場合には、論文やレポートの書き方についての本を参考に、セミナーに合ったスタイルを見つけるという方法もある。ここでは、『レポートの組み立て方』[4]と『レポート・論文の書き方入門』[5]の2 冊を紹介しておく。

　また、**書式のルールは原稿を依頼する時に明示する必要があるので、テンプレートを作成しておくと後の作業が楽になる。**

　ひとつの分野に特化したセミナーなら書式のルールをひとつ採用するだけで問題ないが、学部横断型のセミナーで、受講生がさまざまな分野について論文を書く場合には、ルールに例外を設ける必要も出てくる。たとえば、日本の古典についての論文を書く場合は、引用等のことも考えて縦書きにする方がいいだろう。そのような場合は著者や教員と相談しながら臨機応変に対応してほしい。

　印刷にかかる時間や費用は、前述の通り、ページ数、装丁などに加え、紙の質・色、印刷の色数、入稿の方法（149 頁参照）によっても変わってくる。このため、納期、費用、入稿の方法などは前もって業者と打ち合わせをする必要がある。**印刷・製本にはどんなに少なく見積もっても 1 週間から 10 日はかかる。**印刷所を自分たちで探すのは結構骨が折れるが、大学の周りには学生が作る論文集の印刷に慣れているところもある

---

[2] http://sti.jst.go.jp/sist/index.html
[3] *The Chicago Manual of Style*, 16th edition, Chicago: University of Chicago Press, 2010.
[4] 木下是雄『レポートの組み立て方』、東京：筑摩書房、1994 年。
[5] 河野哲也『レポート・論文の書き方入門』、第 3 版、東京：慶應義塾大学出版会、2002 年。

論文集の例

ので、先輩や教員に尋ねれば情報が手に入るだろう。**年度末は印刷所の予定が詰まっていることも多い**ので、入稿日を予め先方に伝えておき、予定を空けておいてもらう方がいいが、その場合は必ずその日に入稿しなければならない。印刷所は事業として業務を行っているので、この点は注意してほしい。

　何年も続いているセミナーであれば、今まで出版された論文集が残されているし、出版のノウハウが作業ノートなどの形で受け継がれているかもしれない。それらを利用すれば編集方針を決めるのは容易である。そうでない場合は、出版に関する本を読んだり、経験者にアドバイスを求めたりすることになるが、まず自分で手本になる論文集を探してほしい。教員や先輩に聞けば学生が出版した論文集を1冊や2冊は持っているものである。逆に、商業出版されている本（つまり図書館で普段目にする本）は予算規模も想定している流通範囲も全く違うのであまり参考にならない。

　何の予備知識もなしに出版するというと雲をつかむような話に聞こえるかもしれないが、実物を見ればイメージをつかみやすいし、大層なものを要求されているわけではないことが分かるだろう。多くの場合、A4サイズのソフトカバーで、表紙は色と模様がついた厚手の紙（レザック66など）を使用してタイトルなどの文字のみが印刷され、本文は黒単色刷りという、シンプルな装丁のものである。

● 原稿依頼

　論文集の内容、書式、編集スケジュールが決まったら、すぐに原稿を依頼する。その際、**字数、書式、提出する際の形式（電子媒体か、紙媒体か）、締切日、原稿の送り先を必ず明記**する。最近は電子媒体での提出がほとんどだが、仮に手書きの原稿やプリントアウトだけが送られてきたとしたら、編集委員は最悪の場合それを打ち直さなければならないので注意が必要である。また、**数式、特殊文字、機種依存文字（①、㈱など）を使用する原稿の場合、文字化けする可能性があるので電子媒体とともにプリントアウトも送ってもらう方が確実**である。

　セミナーの成果としての論文集の場合、原稿依頼をする時期までには論文のほとんどは完成しているため、原稿依頼とは言っても指定の形式で書式を整え、締切日までに完成版を送る依頼をすることになる。原稿を依頼する時に**書式のテンプレートも一緒に送る**と著者は作業がしやすくなる。

　教員に授業の内容や講評などの原稿を頼む場合には、字数が少なくても（たとえば1,000字程度でも）締切は余裕を持って（少なくとも依頼した日から2週間以上後に）設定する。これは、1,000文字書くのにそれだけの時間が必要というよりは、原稿を書くための時間をすぐに確保できるかどうか分からないという事情がある。ちなみに商業出版される論文集や事典の項目などの依頼原稿は、締切日が半年から1年後に設定されることが多い。

● 校正

　原稿の締切日が過ぎると、編集委員の仕事が本格的に始まる。まず、届いた原稿をチェックし、必要であれば修正を加える。チェックするのは主に以下の項目である。

・誤字・脱字
・書式（統一書式に従っているか）
・出典が明記されているか

・図表のタイトルがついているか、番号は飛んでいないか
・図表は適切な位置に配置されているか
・ページ番号はついているか

　チェックを行う場合は、自分のスタイルに従って全てを直そうとするのではなく、著者の意志を尊重する。また、誤字だと思っても安易に自分の知識を信用せず、辞書を引く癖をつけることも重要である。書式を統一するよう依頼しても、実際に集まってくる原稿の書式はばらばらなことが多い。このため、場合によっては、というより多くの場合、いちいち書式を修正しなければならない。この作業は時間と労力がかかるため、委員が分担して行う。また、全ての論文の修正が終わった後は、書式が統一されているかを責任者がざっと目を通して確認する。

　プロの編集者であれば、たとえ研究書であっても内容の整合性や事実の確定などに立ち入ったコメントをするが、**学生の論文集の編集委員は原則として論文の内容そのものには立ち入らない方がいい**。個々の論文の内容は、授業中に教員からコメントをもらったり、学生同士で批評をしたりして完成させたものだからである。実際には、内容に立ちいる時間的余裕もないだろうし、書式に気を取られていると不思議と内容は一切頭に入ってこないものである。

　本来あってはならないことだが、締切日を過ぎても原稿が来ないこともある。この場合、編集委員は原稿の催促をすることになるが、「早急に送ってください」と書いて著者の良心に訴えるよりは、新たな期限（たとえば次の編集委員会開催日の2日前など）を定める方がいい。やむを得ない事情で提出が遅れている場合でも、先が見通せれば落ち着いて執筆に取り組むことができるし、編集委員の側でも毎日気をもむ必要がない。それでもどうしても原稿が来ない場合、不掲載にせざるを得ない。原稿の催促と新たな締切日設定をする場合には、期限をすぎるとどうなるか書いておけば、著者のほうもそれなりの覚悟で臨むことができるだろう。

● 初校返却・著者校正

　誤字・脱字、書式の乱れ、図表の番号や位置などを修正したら初校の完成である。その後は著者に校正原稿を送り、間違いがないかどうかチェックしてもらう。

　通常の出版物であれば、印刷所が印刷した校正刷りに手書きで修正を行うという方式が一般的である。その手順は簡単に説明すると以下の通りである。まず編集者が修正を加えた原稿の組版を（専用のソフトで）作成し、印刷所で校正刷り（ゲラ）を出してもらう。著者は送られてきたゲラをチェックし、赤、または指定された色で修正の指示を出し、編集者に返送する。修正する箇所が小さくても（たとえば読点を句点に変更するなどの修正を行っても）、必ず修正したことを目立つように示す必要がある。校正の例を146頁以下に示す。手書きによる校正の方法についてはさまざまな本が出ているので参考にしてほしい[6]。

　しかし、学生が作る論文集のように編集開始から出版までの時間が短く、予算も限られている場合は、電子メールにファイルを添付する形でやりとりをして校正を進めていくしか方法がないことも多い。最も広く使われているワープロソフト、マイクロソフト・ワード（Microsoft Word）では文章にコメントをつけたり変更履歴を記録したりする機能があるので、編集委員、著者双方が互いの変更を確認しながら校正を行うことができる（147頁参照）。もっとも双方がソフトの機能を熟知していないと混乱を招くだけなので注意が必要である。特に、ソフトの操作に熟知している人は、そうでない人のことを思いやりながら仕事を進めないと、誤りを極力修正し、書式が整った論文を出版するという当初の目的を果たすことができない。

　ワードで行う校正の場合、全てを書き直して送り返してくる著者もいるが、それだとどこを直したのか分からないので、編集者や印刷所がもう一度組版を作り直さなければならなくなり、作業量が大幅に増える。このような状況を避けるため、**校正する場合は、著者も編集者も、どこ**

---

[6] 日本エディタースクール『標準編集必携』、第2版、東京：日本エディタースクール出版、2002年。

・手書きによる校正

2. インド洋沿岸地域への移民 〔ゴシックに、10.5ポイントに〕

自然環境が厳しく、限られた人口しか支えられなかったハドラマウトだが、沿岸部の港はインド洋交易の中で大きな役割を果たしてきた。アラビア半島南部という、インド洋西海域の〔要衝〕に位置していたハドラマウトの港は、モンスーンや海流を利用した重要な交易の中継点であり、また後背地で産出される乳香やナツメヤシの積み出し港としても機能してきた。厳しい自然環境から故郷を後にすることを余儀なくされた人びとが、このような海上交通——これは近代以降、蒸気船にとってかわられるが——を利用してインド洋沿岸地域に移住していったことは容易に想像できる。特に、インド洋西海域のインド亜大陸西岸や東アフリカはハドラミーにとって身近な場所であったろう。たとえば16〜17世紀のグジャラート地方にはハドラマウトの有力家系であるアアイダルース家のメンバーが多数暮らしていた（栗山 2004）。〔OK? アイダルース？〕

〔ハドラミー？ cf. 前出、後出〕

その一方、18世紀以前に東南アジアに直接移民したハドミラーは非常に少なかった。これはモンスーンや海流を利用した航海では東南アジアに行くのは時間がかかるという理由が考えられるが、だからと言ってこの時代の東南アジアで活躍したハドラミーがいなかったわけではない。たとえば、ハドラマウトからインドに移住して数世代を経た後、東南アジアに移住した人びとがいた。このような人物の代表例として、17世紀前半のアチェ王国で活躍したウラマー〔音引き〕（イスラーム学者）であるヌールッディーン、アル=ラーニーリーを挙げることができるだろう。〔半角に〕

出典：新井和広「南アラビア、ハドラマウト地方出身移民の変遷」、宮治美江子編著『中東・北アフリカのディアスポラ』、東京：明石書店、2010年を著者により改変。

・Word（windows）による校正

2. インド洋沿岸地域への移民

　自然環境が厳しく、限られた人口しか支えられなかったハドラマウトだが、沿岸部の港はインド洋交易の中で大きな役割を果たしてきた。アラビア半島南部という、インド洋西海域の幼少要衝に位置していたハドラマウトの港は、モンスーンや海流を利用した交易の重要な交易の中継点であり、また後背地後背地で産出される乳香やナツメヤシの積み出し港としても機能してきた。厳しい自然環境から故郷を後にすることを余儀なくされた人びとが、このような海上交通――これは近代以降、蒸気船にとってかわられるが――を利用してインド洋沿岸地域に移住していったことは容易に想像できる。特に、インド洋西海域のインド亜大陸西岸や東アフリカはハドラミーにとって身近な場所であったろう。たとえば 16＝〜17 世紀のグジャラート地方にはハドラマウトの有力家系であるエアイダルース家のメンバーが多数暮らしていた（栗山 2004）。

　その一方、18 世紀以前に東南アジアに直接移民したハドミラーは非常に少なかった。これはモンスーンや海流を利用した航海では東南アジアに行くのは時間がかかるという理由が考えられるが、だからと言ってこの時代の東南アジアで活躍したハドラミーがいなかったわけではない。たとえば、ハドラマウトからインドに移住して数世代を経た後、東南アジアに移住した人びとがいた。このような人物の代表例として、17 世紀前半のアチェアチェ王国で活躍したウラマー（イスラ――ム学者）であるヌールッディーン・アル――ラーニーリーを挙げることができるだろう。

書式変更：フォント：（英）ＭＳ ゴシック，（日）ＭＳ ゴシック，10.5 pt，コンプレックス スクリプト用のフォント：10.5 pt

書式変更：左揃え

書式変更：インデント：最初の行：1 字

コメント [U1]：二倍ダーシに変更。

コメント [U2]：「アイダルース」？

コメント [U3]：改行を消去。

コメント [U4]：「ハドラミー」ですか？他の 2 カ所では「ハドラミー」となっています。

コメント [U5]：ダーシを音引きに変更。

コメント [U6]：半角に変更。

出典：新井和広「南アラビア、ハドラマウト地方出身移民の変遷」、宮治美江子編著『中東・北アフリカのディアスポラ』、東京：明石書店、2010 年を著者により改変。

・校正後の状態

2. インド洋沿岸地域への移民

　自然環境が厳しく、限られた人口しか支えられなかったハドラマウトだが、沿岸部の港はインド洋交易の中で大きな役割を果たしてきた。アラビア半島南部という、インド洋西海域の要衝に位置していたハドラマウトの港は、モンスーンや海流を利用した交易の重要な中継点であり、また後背地(こうはいち)で産出される乳香やナツメヤシの積み出し港としても機能してきた。厳しい自然環境から故郷を後にすることを余儀なくされた人びとが、このような海上交通――これは近代以降、蒸気船にとってかわられるが――を利用してインド洋沿岸地域に移住していったことは容易に想像できる。特に、インド洋西海域のインド亜大陸西岸や東アフリカはハドラミーにとって身近な場所であったろう。たとえば16〜17世紀のグジャラート地方にはハドラマウトの有力家系であるアイダルース家のメンバーが多数暮らしていた（栗山2004）。その一方、18世紀以前に東南アジアに直接移民したハドラミーは非常に少なかった。これはモンスーンや海流を利用した航海では東南アジアに行くのは時間がかかるという理由が考えられるが、だからと言ってこの時代の東南アジアで活躍したハドラミーがいなかったわけではない。たとえば、ハドラマウトからインドに移住して数世代を経た後、東南アジアに移住した人びとがいた。このような人物の代表例として、17世紀前半のアチェ王国で活躍したウラマー（イスラーム学者）であるヌールッディーン・アル=ラーニーリーを挙げることができるだろう。

出典：新井和広「南アラビア、ハドラマウト地方出身移民の変遷」、宮治美江子編著『中東・北アフリカのディアスポラ』、東京：明石書店、2010年を著者により改変。

を修正したのかが分かるような形でやりとりをする必要がある。

　著者による校正は、あくまで誤字・脱字や細かな間違いを修正するために行うので、この時点で論文の中身を書き換えたり、新たな内容を加えたりしない。書き足りないことや修正がある場合には、次に書く論文で対処すべきである。大幅な変更でなければ内容の修正を受け付けてもらえることもあるが、編集委員の負担が大きくなることは避けられない。編集委員は大きな内容変更を認める必要はないが、もし認めるのならば希望者全員の変更を認めなければならない。論文集は著者が複数いるため、どの著者も平等に扱う必要がある。これは編集委員本人が書いた論文に対しても同様である。

　著者による校正は普通2回程度行うが、スケジュールが押している場合は1回だけの場合もある。編集の進捗状況をよく見て著者校正の回数を決めてほしい。

●印刷所への入稿・ゲラの確認（2月）

　校正が終わり、完全原稿が完成したら印刷所に入稿する。印刷部数が少ない本の場合、入稿の方法は完全版下（表やグラフなどのレイアウトも含めてこれ以上校正する必要がない原稿）を印刷したものか、一般に普及している形式のファイル（マイクロソフト・ワード、PDF、Tiffなどの画像形式）を渡すという方法が一般的である。しかし、電子的なファイルで入稿する場合、特殊文字が文字化けしているかどうかを確認するために印刷したものも同時に送る方が望ましい。このほかに、版下を作成するソフト、たとえばアドビ・インデザイン（Adobe InDesign）などの形式で入稿することもできるが、ソフトの価格や操作を覚える手間を考えるとプロではない学生向きではない（もちろん、それらのハードルをクリアできるのであれば、有用なソフトである）。いずれにせよ、上述の通り入稿の形式については事前（原稿を依頼する前）に印刷所と打ち合わせをしておく必要がある。

　入稿後、印刷所は本格的な印刷に入る前に校正刷り（ゲラ）を出すので、文字化け等がないかチェックする。完全版下を入稿する場合には、

ゲラを出さずに印刷・製本を行うこともある。

● 納品・配本（2月下旬～3月上旬）
　印刷所から論文集が納品されたら中身を確認し、問題がなければ執筆者、教員、その他必要な部署に論文集を配る。もし、出版までにお世話になった人物（調査協力者や、授業が寄附講座ならばスポンサー）がいれば献本する。ここまでしてはじめて、論文集出版に関連する作業が終わりとなる。それぞれの執筆者、特に編集委員を努めた学生は長かった1年を振り返って感無量だろう。しかし、多くの学生は次の年にも論文を書くことになる。その時には、今年の経験をふまえて一段と成長した自分に気付くだろう。

● 成果公開を通して自分の研究を見つめ直す
　論文集を出版してみると、書いた論文が公開されるまでには調査・執筆以外にもさまざまな作業が必要で、かつ著者以外の多くの人がその作業にかかわっていることが分かるだろう。編集者の仕事は、単に集まってきた原稿をまとめて印刷するということではなく、締切までに原稿を送らない著者、ばらばらな書式、誤字・脱字、予算、時間との戦いである。出版されている研究成果というのは、どれもそのような作業を経て世に出されている。研究の評価はアウトプットの内容そのもので決まるが、成果が他の人に届くまでの経緯を知ることで、論文や研究書に対して多様な見方ができるようになるだろう。
　多くの授業ではレポートを提出したら成績がついて終わりになる。しかし、調査や研究の成果は実際に誰かの役に立つことで、はじめて意味を持つと言ってもよい。自分の成果を論文集という形で出版して誰でも読むことができるようにするというのは、自分の成果が好意的に評価されて苦労が報われたりする反面、厳しい批判にさらされる可能性もあるわけだから、それ相応の覚悟がいる。しかし、それは自分が行った知的活動が社会とかかわりを持つための第一歩である。

第7章

学んだことを他人に伝える
――ティーチング・スキルズへ

「もし自分が何か新しいテーマで研究を始める場合には、そのテーマについての授業を開講してしまえばいい」という冗談があるほど、教えることと学びは表裏一体の関係にある。自分の中では分かったつもりになっていても、それを体系立てて他人に説明しようとすると、実はよく理解できていなかったことに気づくことも多い。他人に教えるために論文の書き方に関する本や自分の専門分野の概説書を読み返すと、今まで見落としていた重要な点が浮かび上がってくる。教師やクラスメイト、または本から学ぶことによって得られた知を他人に伝えることで人はさらに学ぶことができるのである。

そのため、論文を書き終わった学生は、そのスキルを向上させるために他の学生の指導をすることが望ましい。幸い、現在では学生をティーチング・アシスタント（TA）や学習相談員として学びの場で活用しようとする大学が増えつつある。そこで本章では授業で学んだ経験を活かして他人に教えるにはどのような方法があるのか、また教えることは学生にとってどのような利点があるのかを考える。

1. 学生が学生に教えることの意味

　論文を書き終えたからと言って、学生の研究能力が急に伸びるわけではない。学問の道は知的訓練の連続であるから、1年の経験でそんなに高度なことが教えられるようになるわけでもない。それでは、なぜ学生が学生に教えることに利点があるのだろうか。

　それに対する答えのひとつは、論文を書いたことがある学生とそうでない学生の違いにある。論文を書いた経験があると、調査や執筆をしていても、自分が今何をしているのか、研究がどの段階にあるのかが分かる。本書の第5章でも述べた通り、調査や分析には終わりがない。だから初学者は放っておけばいつまでも調査し続けたり、あれこれ分析した

りして、研究の節目節目で次の段階に進むタイミングを見失ってしまう。また、テーマや問いを立てたことがないため、何が適切な問いになるのか分からないこともある。こうした点から見た場合、**初学者の問題は調査や分析の能力というよりは、研究を進める上でのマネージメントの部分にあることが分かる**。また、相談に来る学生が、何をどうしていいか分からない、つまり自分の問題がどこにあるのか分からないことも多い。本を読むことで問題を解決できるということは、自分が抱えている問題を論理的に説明できるということでもある。そうでない場合は、対面形式で相談を受け付け、何が問題なのか一緒に考えるのが最も効果がある対処の方法であろう。そして、**相談に来る学生の漠然とした悩みをうまく聞き出す役には、既にその道を通った学生が適任である**。教える立場の学生は、相談者の案内役として、また時には同行者として、知の探検をするのである。

2. 学生が大学での指導に参加する方法

　自分が学んだことを他の学生に伝えるには様々な方法がある。ここでは、ティーチング・アシスタント（TA）など、授業の補助を行う方法と、学習相談員など、大学から支援を受けつつも学生が主体的に他の学生に対して助言を行う方法の2つを紹介する。

● 授業の補助（ティーチング・アシスタント等）

　学生という立場で教育に係わる最も典型的な方法は、TA等になって授業や実習の補助を行うことだろう。TAの仕事は、決まった授業に毎回行き、教員の指示に従って授業内で様々な業務を行うというものである。実際に教室内で割り振られる仕事は、授業の形式、規模、学校や担当教員の方針によって様々であるが、機材の準備、出欠確認、学生が書

いたリアクション・ペーパーのまとめなどが典型的なものだろう。これらは文字通り教員の補助であるが、教員見習いとして授業内における指導にある程度係わったり、小テストの採点を任されることもある。前者の場合は純粋な仕事としての、後者の場合は研究教育の専門家になるための職業訓練としての意味合いが強い。教員が一人で切り盛りすることが難しい大教室の講義ではTAが雑用に追われることもやむを得ないが、北米では大教室講義の予習・復習のセッション、または講義の一部をTAに任せるシステムをとっているところも多く、より教員に近い役割が期待されている。20名程度の学生を対象にしたセミナーでは、出席をとること、機材の用意をすること、授業の記録をとること（学生によるプレゼンテーションやディベートの録画）などの負担は軽いため、学生の論文執筆の指導を任されるなど、後者の比重が高い場合も多い。

● 学生が主体となる指導（学習相談窓口等）

　大学によっては学生による学習相談窓口を開設しているところがある。これは、図書館のリファレンス・コーナーなどに専用のスペースを設け、研究やレポートの悩みを抱えている学生の相談に対応するというものである。学生によって構成される相談員は毎週決まった時間に窓口に座り、相談に来た学生の問題を聞き出し、適切な助言を与えたり、参考になりそうな本を紹介したりする。学生が持ち込む問題はレポートや論文などの書き方や調査の方法といった、大学における学びに関するものが前提だが、よく聞いてみると生活や健康の問題を抱えていることが分かることもある。もし、相談内容が相談員の守備範囲を超える場合は、大学内にある他の窓口を紹介するか、同じ部署にいる職員（司書などの専門家）に対応を任せることになる。このため、学習相談窓口は学生が持つ様々な悩みを解決するための入り口としての機能を果たすこともある。

　TAも、学習相談員も多くの場合、大学に臨時職員として雇用され、時給が支払われることになる。学びの場で学生を活用する方法は大学や学部ごとに特色があるため、自分の大学ではどのような取り組みがなされているのか調べてみてほしい。

3. 学生が教えることの利点

　学生が教える立場になることには、学ぶ側の学生、教える側の学生、大学それぞれにさまざまな利点がある。

● 学ぶ側の学生にとっての利点
　学生にとって、論文やレポートの悩みを教員に相談するのは結構な心理的負担になる。もう少し内容をまとめてから相談しようと思っていると、いつのまにか締切が迫ってしまい、レポートや論文が完成しないか、不本意なものしか提出できなくなる危険もある。しかし、ティーチング・アシスタント（TA）や学習相談窓口に座っているのが自分と立場が近い学生であれば、心理的なハードルは低くなる。自分の悩みを気軽に話すことができるし、TAや相談員の方も学生の悩みをより身近な形で理解し、適切な助言を与えることができる。教員がノウハウを積み上げて学生が持っている悩みを引きだそうと苦労している部分を、TAや相談員が友達感覚で軽々と乗り越えてしまうこともある。たとえば、学生にとっての知的探求は、素朴な、そして身近な問題から始まることが望ましいが、大学において「学問」をするということになると大上段に構えてしまったり、必要以上に深刻に考え込んでしまったりして、自分が何をしてよいのか分からなくなる。そんなとき、相談員から学生が普段使用している言葉で質問されることで、自分の問題や関心に気付くことがある。教員の方が正確な説明ができるだろうが、学生の方が他の学生により伝わりやすい言葉を使うことができる分、論文を書くときに最初に相談する相手として適切なこともある。

●教える側の学生（学習相談員／ティーチング・アシスタント）にとっての利点

　教える立場に立つ学生にとっての利点のひとつは、**教えることによって知的な成長が見込まれる**ことである。大学生にとって、自分が教える立場に立つこと自体はそんなに珍しいことではない。アルバイトで家庭教師をしている学生も多いだろうし、課外活動で下級生を指導することもあるだろう。しかし、中高生対象の家庭教師と大学における学生の指導では大きな違いがある。それは、高校までの「勉強」と大学における「学問」の違いと直結している。学習相談に来る学生（たいていは下級生や同級生だが、中には上級生が相談に訪れることもある）は、正解が決まっているわけではない問題に取り組んでいる。だから、相談される側も決まった答えに導くのではなく、どうすれば答えにたどり着けるのかを一緒に考えることになる。これは教える側にとっても願ってもない知的訓練の機会になる。

　また、**教育に係わることによって、コミュニケーション能力を養うことができる**。学習相談員やTAは相談者を選ぶことはできない。もし相談者の専門領域が自分と違っていたら、自分にできることは何かを真剣に考えることになる。さまざまな学部の、さまざまな背景を持った学生に対応することで、相手が伝えたいことを聞き出す能力や、自分の考えを相手に伝える能力が磨かれる。最初は相談者が自分と同年代であることに違和感を感じるかもしれないが、慣れてくると正式な場で仕事をする立場から何を伝えればいいのかについてよく考える機会にもなる。

　TAになると、授業を運営する立場から教員の行動を見ることになる。このため、学ぶ側にいたときにはあまり気にしなかった、個々の教員の指導方法を観察することができ、教えることとは何か、学生にどのように対応すればよいのかを学ぶことができる。

　大学に正式に認められているTAや相談員になることは、学生を経済的に助けることにもなる。もっとも、謝金の額はそんなに高くないし、勤務時間も限られているのでこの利点は限定的であろう。北米の大学の場合、TAになると授業料が免除になり、さらに給付金が支給されると

いう例もある。もっともそのような場合は、日本に比べてTAが行う業務はより教員に近いものになる。たとえば講義や実習の指導を一人で受け持ったり、レポートの採点をしたりといった具合である。当然、TAにかかってくる責任も日本とは比べものにならないくらい大きい。しかし、高額の授業料を払うことなしに大学で研究を続けられるこの制度は、給付型の奨学金の充実とともに日本でも今後導入を考える必要があるだろう。

● **大学にとっての利点**

　大学が学習相談員やTAを導入する利点としては、学生を活用することで、近年ますます忙しくなる教員が十分に対応できない教育活動を補ってもらえることが挙げられる。たとえば、論文や参考文献リストの書式、脚注のつけ方など、学生でもすぐに学ぶことができる部分の指導を学習相談窓口の相談員に任せれば、教員は論文の内容そのものの指導により多くの時間を使うことができる。当然、教職員の業務の一部を肩代わりするということだけが利点ではない。学生同士が学びあうことが一般的になれば、教員が学生を教えるという一方的な知の伝達を超えた形で教育・研究が行われ、大学での学びがより豊かになる。

　また、日本ではまだ一般的ではないが、大教室授業の受講生をいくつかの小クラスに分け、TAが本講義の予習・復習セッションを行うようにすれば、大教室授業にありがちな、個々の学生の指導をきめ細かく行うことができないという欠点を補うばかりか、教える側の学生のスキルを上げることにもつながる。

　しかし、注意しなければいけないのは、大学にとっての利点は必ずしも教える学生の利益に結びつくわけではないという点である。たとえば、学生の役割を基本的なスキルを教えることに特化させるということは、学生が教員の下請けになるということでもある。そうすると、教えることによって学生が学ぶという目的を達成することができない。学生が最も成長できる部分は、論文やレポートの構成や論理性について、相談者と一緒になって考えるところだからである。

4. 教えるときに気をつけること

　このように、教えるということは自分自身が学ぶ上で大変有益だが、どうしたら教える立場に立つことができるだろうか。残念ながら、学んだ者全員が学習相談員やティーチング・アシスタント（TA）になることを希望した場合、全ての学生の要望をかなえることができるわけではない。予算や授業数、勤務場所の制約から、採用の枠が限られているからである。もっとも、大学側は学習相談員やTAをしてくれる学生の確保に苦しんでいることも多く、実際には門戸がそんなに狭いわけではない。いずれにせよ、教える側に立つ場合にはいくつかの要件をクリアしなければならないし、心構えや訓練も必要になる。ここではそれらのうち特に重要なものを挙げておく。

● 学習相談員やティーチング・アシスタントになるための要件や心構え
　学習相談員やTAになるには、**学んでいる時にきちんと課題をこなしていることが必要**である。たとえば、セミナーを受講している時に最終成果（論文やレポート）を提出しなかった学生を学習相談員やTAとして採用することはできない。自分ができなかったことについて他人を指導することはできないからである。また、たとえ満足のいく論文が仕上がらなかったとしても、自分の研究を期限内にまとめる経験をすることは、自分（つまり一般的な学生）の限界を知ることでもあり、教える側の資質として評価されるべきものである。むろん、1回の失敗が致命的になるわけではない。ある授業で課題をこなせなかったとしても、その後別の授業をきちんと修了すれば、その点は評価される。
　また、レポートや論文、授業中の活動などを通じて自分の能力を示すことも重要である。学習相談員やTAは公募で選ばれることもあるが、相談窓口の運営を担当する教員が開講するセミナー内で募集が行われたり、

教員の推薦によって選ばれたりすることも多い。そういった教員は、自分の授業で質が高く印象的な論文を書いた学生をよく記憶しているものである。ただ、最初からこのようなポジションに就くことを目的に行動すると教員にはすぐにばれるので、媚を売るような行動をとることは慎むべきである。

　教える立場に立つ学生の側が、**教えることと学ぶことの違いを意識する**ことも重要である。教えるというのはひとつのスキルである。たとえば「よく知っている」ということがそのまま教える適性に結びつくわけではない。どちらかと言えば、相談者の専門分野について細かいことは知らなくても、話をよく聞いて、まだ明確に認識されていない学生の問題意識をうまく引き出せる人の方が教える適性があると言えるだろう。もし、相談窓口に来る学生が細かな議論にこだわっていたとしたら、それがなぜ重要なのか質問して、独りよがりになりがちな議論をより普遍的なものにする必要がある。これは、教えることは何なのかを常に意識しなければ、本当に有用な助言を他の学生に与えられないことを意味している。

● **教える際の注意点**

　学習相談窓口で相談を受け付ける場合、注意しなければならないことがいくつかある。

　第1に、**学生の論文の添削や代筆はしない**ということである。学生が書こうと思っている論文やレポートは、最終的にそれぞれの授業で評価の対象となる。内容に立ち入った助言を行うと、当該学生の評価そのものに影響を与えることになりかねない。学習相談窓口が成功するかどうかは周りの教員の理解にも依っているため、この点は特に注意が必要である。

　第2に、学生が**対応できない相談が持ち込まれた場合は無理に助言しようとせずに、適宜、他の窓口を紹介するなどの対応をとる**ことである。そのためには学生が自分ができることとできないことの区別をはっきりつけることが必要になる。

第3に、たとえ自分が詳しく知っているテーマについての相談が持ち込まれたとしても、**細かい議論は避けるべきだ**という点である。このような議論を学生同士で行うと、しばしば趣味についての語り合いと大して違わないことになってしまう。同時に論旨が明快でないといった問題に気がつかないという危険もある。

　第4に、これは**教えることによって自らも学ぶという活動であることを常に意識する**。たとえ時給が支払われるからといって、教える側の学びにならなければ、あまり意味がない。

　TAの場合には、学習相談員とは別の観点から様々な注意が必要である。まず、正式な授業の場で教える側に立つので、教員としての自覚を持つ必要がある。具体的には、学生気分で教員の噂話をしたり、受講生と友達感覚で会話をしたりすることは避けるべきである。学生気分で発した何気ない一言に学生がショックを受ける可能性があることも意識しなければならない。また、教員の立場で知り得る学生の個人情報についても取り扱いに十分注意する必要がある。授業を担当する教員の側は、TAを学生アシスタントというよりは教員の一員として扱うべきであるし、TAもそのつもりで責任感を持って授業に臨むべきである。

　このように、教える側に立つ場合には、学ぶ立場だった時と比べて様々な意識改革や注意が必要となる。その多くは、教える側に立つという自覚を持つことであり、言い換えれば学生気分を抜くということである。しかし、学習相談員やTAを活用する利点のひとつは、彼らが学ぶ側により近い立場にいるという事実である。学生としての立場と教える側としての立場のバランスをどのように取るのかは難しい問題ではあるが、経験を積むことによって自分なりの指導スタイルを見つけ出してほしい。

5. 教育の実際

● どの部分の指導をするのか

　学生相談員は学びに関する相談を受けたとき、どの部分を受け持つのがいいだろうか。書式や注の付け方といった、基本的な作法を教えることに特化しても、教えることによる学びの効果はあるだろう。作法は作法として説明するにしても、たとえばなぜ書式を統一しなければならないのか、なぜ出典を明記しなければならないのかといった素朴な疑問に答えるには、学問とは何か、論文とは何かといった本質的なことを理解する必要があるからである。（もっとも「それが作法だから」と言って突っぱねることも時には必要だろう）。

　しかし、できれば**テーマの見つけ方や問いの立て方といった、研究の本質と関わる部分の助言をしたほうがいい**と考える。その理由は2つある。ひとつは、書式などの基本的な事柄は一度学べば後は教科書などに書かれているルールを適宜参照すれば事足りる。しかし、テーマを見つけたり適切な問いを見つけたりできるようになるには長い期間訓練することが必要である。学生相談員に相談した時点からその訓練を始めることができれば、それは相談者にとって大きな利益になる。また、相談員にとっても、教える立場から同様の事柄についての訓練になる。

● 持ち込まれる相談の例

　それでは、実際に教育に携わった場合、どのようなことが起こるのか、例を挙げて説明したい。

　まずは、学習相談窓口にはどのような悩みを持った学生が来るのかについて、実際に寄せられた相談の例を挙げる。

- レポート、論文、書評など、出された課題の書き方が分からない
- そもそもレポート、論文とは何なのかが分からない
- 参考文献はどのように探せばいいのか
- 論文の構成はどのようにすればいいのか
- 参考文献リストの書き方を教えてほしい
- 仮説の立て方が知りたい
- あるものを別のものと比較するレポートを書きたいが、何をすればいいのか
- レポートを書く場合、具体的にどのような作業をすればいいのか分からない
- 論文の書き方が書いてある本を紹介してほしい
- レポートを書いていたら引用ばかりになってしまったが、どうすればいいのか
- ○○についてレポートを書きたいが、テーマを具体的に決めることができない
- 一度提出したレポートを修正して再提出するよう言われたが、どこを直せばいいのか分からない
- ○○についてアンケートをとりたいが、どうすればいいのか

　ティーチング・アシスタント（TA）として授業に臨む場合でも、上記のような質問を受けることは多いだろう。どの質問も、学問をする際に知っておかなければならない基本的な事柄に関するものである。また、学習相談員やTAにとっては過去に受けた授業の復習になるものばかりである。
　相談にのるということは、相手がどのような問題を抱えているのか分からなければ不可能である。だから、**学習相談員やTAの仕事の大きな部分は、相談者の話をよく聞くことに充てられる**。上で挙げられた質問

の例は、相談の入り口に過ぎないことも多い。参考文献リストの書式はどうすればいいのかという質問から始まった相談でも、よく聞いてみると論文とは何なのかが分かっていないことが明らかになることもある。もし相談者が自分の悩みをうまく説明できない場合、キーワードを挙げてもらって、それを手がかりに相談者が考えていることを探っていく。大事なことは、**何が問題なのかを本人に発見してもらう**ことである。たとえ自分では何も考えが浮かばないと思っていても、話を聞いてみると結構しっかりとした問題意識を持っているものである。また、他人と話すことによって考えがまとまることもある。その点が、面と向かって話をすることの利点だろう。逆に、相談員が話をしすぎると、その内容がいかにためになるものだとしても、相談者が自分で考えて書くことを阻害してしまう危険もあるので注意が必要である。

　論文に関する質問を受けても、話を聞いていくと、学生生活に関する悩みに行き着くケースもある。そうなると学習相談員では対応不可能なので、他の相談窓口を紹介することになる。

　論文の添削はしないという方針で臨むことは上で書いた通り（159頁参照）である。もし論文そのものが持ち込まれたとしても、それを直接読むのではなく、相談に来た学生に内容を自分の言葉で説明してもらう。相談員はそれを聞いて論文としての構成はしっかりしているか、論旨は明確か、仮説を検証するために使用しているデータは適切か、などについて質問・助言を行い、**相談者が自らの意思と判断によって論文を改良していけるようにする。**

　しかし、論文やレポートの書き方を口で説明しても相談者にはよく分からないことも多い。そのような場合には、最終成果がどのような形になるのか具体的なイメージを持ってもらうため、実際に学生が書いた論文の例を必要に応じて相談に来た学生に見せるのも効果がある。その場合は自分が書いた論文を見せてもいいし、クラスで作成した論文集を用意しておいてもいい。また、相談されたときのために論文のサンプルを作成しておくという方法もある。

　記録をとっておくことも重要である。学生がどのような悩みを持って

きたのか、それについて相談員はどのような対応をしたのかを記録しておくと、他の学習相談員がそれを参考にして、新たな相談にもうまく対処できるようになる。また、相談のパターンを抽出してフローチャートを作成すると、新たに学習相談員やTAになった学生が仕事に慣れるまでの助けになるだろう。相談のパターンがある程度分かってくると、よくある相談内容についてはプリントを用意すれば、効率的に助言を行うことができるだろう。TAも同様で、相談を受けたときにはメモを残しておいて、後で同じ学生から相談を受けたときに活用する方が、指導がスムーズになる。一度質問に答えた学生を憶えているということは、当の学生にとってもうれしいものである。

　学習相談員になった学生が抱えている問題点のひとつは、実際に相談に来る学生があまりいないということである。それでは教えることによって学ぶというプロセスが活きてこない。決められた時間だけ、相談窓口で座るだけになってしまう。これは、学習相談のシステムが必要とされていないというよりは、そのようなシステムがあることを学生も教員も知らないことが原因であることが多い。このため、セミナーで教えている教員に相談窓口についてのチラシを配ったり、学内にポスターを貼ったりすることで認知度を上げてもらう努力も必要である。

●教えることによる学びの効果

　教えることを通じて学ぶことの利点は何だろうか。学生から寄せられる質問や悩みは、ほとんどが基本的なものである。しかし相談者に対して助言を行おうとすると、相談員自身も相談内容について体系的に理解できていないことに気づくことになる。そこで、論文の書き方についての本を読み返すと、以前とは違った読み方ができる。以前は本から知識を得ることを主眼に置いていたのに対して、今度は自分の経験と本の中にある情報をもとに、他人に伝えることを念頭に置きながら本を読むことになるからである。それによって、今まではバラバラだった知識の断片が有機的につながり、自分の中で確固たる位置を占めることになる。

　自分が相談を受け付けるということは、以前受けた授業で教員が言っ

ていたことを再確認することにもつながる。相談員がよく行う助言の中に、**大きすぎるテーマをどのようにしぼっていくのか**ということがある。これは、セミナーを担当する教員が学生を指導する際に最も苦労する部分でもあるし、だからこそ口を酸っぱくして繰り返し学生に言っていることでもある。実際に相談を受ける側に立ってみると、テーマが漠然としていたり、大きすぎたりするという問題になぜ教員があれほどこだわっていたのかが分かる。学習相談員の中には、書式に関すること、つまり教科書や参考書に書かれているルールを参照しながら学んでいくようなスキルについてはあまり憶えていなくても、教員から直に聞いたポイント、たとえば出典を明記することにはどのような意味があるのか、論旨をはっきりさせることがどれだけ重要なのかなどについてはよく憶えている人もいる。これらのポイントは教科書などに書かれているものがほとんどだが、実際に論文やレポートを書く作業を通じてその場その場で教員から直に指導を受けるということに大きな意味があることを再確認させてくれる。これらの例を見るだけでも、学生が学生の指導をすることに大きな学習効果が見込めることが分かる。

　今まで学んできたことの復習や再確認・再発見ということに加えて、自分の視野を広げることができるというのも大きな利点である。相談窓口に来る学生の専門領域は様々である。また、TAとしての仕事をする場合も、いわゆる一般教養課程の授業を受け持つ場合は様々な学部の学生を相手にすることになる。自分と知的関心のポイントが違っていたり、自分の専門ではないテーマについて論文を書かなければならなかったりする学生が相談に来た場合はどうすべきだろうか。TAの場合は他の人に指導を任せるという選択肢はないため、相談者が理解できるように説明の仕方を工夫をすることが必要になる。分からないところがあれば、教える方もある程度勉強する必要があるだろう。学習相談員の場合は、複数の相談員が分担して相談を受け付けることが多いため、専門が近い相談員を紹介することも可能である。しかし、どうしても相談にのることが無理な場合（たとえば文学部に所属している相談員が数値解析についての相談を受けた場合など）以外は、安易に他人を紹介するのではなく、

自分がどこまで相談にのれるのかを考えることも重要である。そうすることで、**分野を超えた知のスキル**というものが何なのかを理解することにつながる。また、最初は自分と関係がないテーマだと思っていても、相談の内容に沿って図書館の書籍検索システムやデータベースを調べることで、将来役に立ちそうな資料に出会うかもしれない。つまり、**他者からの相談を受けていると、自分の課題だけに取り組んでいる学生に比べて視野が広がることにつながる**。これこそが、教養を養う機会になる。もし相談員を多数そろえて、それぞれ担当分野を決めてしまうと、多様な学生に対応することは可能になるが、相談員自身の視野を広げることができなくなる危険がある。しかし、これは良し悪しでもある。

　学習相談員とTAの違いは、前者は相談に来る不特定多数の学生を相手にしているのに対し、後者は特定の学生と継続的に係わり、論文が完成するまでの経過を見ることができることである。最初は論文の書き方が全く分からずに右往左往していた学生が、授業の終わり近くになると見違えるように成長することもあるだろう。また、そうでない場合でも、授業の最初と比べてどの程度知のスキルが伸びたのかということに注目することで、教育の役割というものを考えることができるようになる。

● 学生による自律的な学びのシステム

　学習相談員やTAの制度が軌道に乗り、経験者が増えてくると、教えるためのノウハウが学生の間で蓄積・継承されていくことになる。このようなノウハウの継承が起こると、教員が深く関与しなくても学生同士が自主的に学び合うようになることが期待される。つまり、授業でグループ学習を経験した学生が、その後、教える側になり、さらに教える側の学生のコミュニティーを形成する。最終的にはそのようなコミュニティーが新たな学習相談員やTAのトレーニングを行うというように、グループ学習を経験した学生が知的に成長するための自律的なシステムが形成されることになる。

　ここで注意しなければならないのは、このようなシステムの構築は、必ずしもマニュアル化を意味するわけではないということである。ある

程度の相談パターンの抽出や、対応の標準化は必要だが、マニュアル化が進むと、学生がある一定のカリキュラムに沿ってトレーニングを受け、相談に来た学生の悩みを分類し、あらかじめ定まっている「模範解答」を提示するということになってしまいかねない。そうすると、相談員が問題について考える機会を奪うことになる。学生から学生への知の継承は、あくまでも双方が学びの恩恵を受けることができればこそ意味があるのだということを忘れないでほしい。

6. 制度を超えた「教えあい」へ

　本章では、ティーチング・アシスタント（TA）や学習相談員という仕事を通じて、他人に教えることで得られる学びについて説明した。筆者らの経験から言って、相談員になることを希望するのは意識が高い学生であることが多い。皆、授業で得たスキルを他の学生に伝えることに熱心である。このような知の継承パターンは大教室の授業では起こりにくい。やはり、少人数セミナーで常に教員と会話することでさまざまなスキルを直に伝えられたからこその熱意だろう。しかし、これら「正式な」方法だけが教えることを通じて学ぶ方法ではない。たとえ正式なポジションについていなくても、無給であっても、自分が得たことを大学内や社会で他人に教える機会はたくさんある。大学生活の早い時期からそのような活動を始めれば、上級生になってゼミに入った時にも様々な点で自分のスキルを役立てることができるだろう。また、学生に意識してほしいのは、**学んだことを他人に伝えていくというのは大学内だけで起こっていることではない**ということである。むしろ、社会の中で人びとが普通に行っている知の継承が、大学内では「学問」という形で行われていると見るべきだろう。調査や分析の基本を身につけていれば、社会人になってからも次々に出てくる問題の本質を見抜き、仲間に有益な

助言を与えることができるようになる。それは、巡り巡って自分のところにかえってくるし、最終的には社会を豊かにすることにもつながる。是非クラスでの学びを様々な形で実りあるものにしてもらいたい。

※本章の執筆にあたっては、2012 年度に慶應義塾大学日吉メディアセンターでピア・メンター（学生相談員）をしている学生へのインタビュー、彼らが残してくれた相談の記録、慶應義塾大学教養研究センター編『図書館に展開する半学半教の場作り「学生の学習環境を整える」プロジェクト 2008・2009 活動報告書』、CLA アーカイブズ 21、横浜：慶應義塾大学教養研究センター、2010 年を参考にした。

著者略歴

新井和広（あらい・かずひろ）［第 3 章～第 7 章執筆］
　慶應義塾大学商学部教授、埼玉大学工学部で機械工学を学んだ後、イスラーム研究を志し、ミシガン大学近東研究学科でイスラーム学・イスラーム史を学ぶ。2006 年東京外国語大学アジア・アフリカ言語文化研究所助教、2008 年より慶應義塾大学専任講師、2010 年より現職。南アラビアからインド洋沿岸各地に移民したアラブの歴史を研究し、主にインドネシアとハドラマウト（イエメン）で調査を行っている。2008 年より教養研究センターが開設するアカデミック・スキルズを担当する。Ph.D.

坂倉杏介（さかくら・きょうすけ）［第 1 章、第 2 章執筆］
　東京都市大学都市生活学部准教授、慶應義塾大学グローバルリサーチインスティテュート客員研究員、三田の家 LLP 代表。2003 年、慶應義塾大学大学院政策・メディア研究科修士課程修了。地域コミュニティの形成過程やワークショップの体験デザインを、個人とコミュニティの成長における「場」の働きに注目して研究。キャンパス外の新たな学び場「三田の家」、地域コミュニティの拠点「芝の家」の運営を軸に、「横浜トリエンナーレ 2005」、「Ars Electronica 2011」など美術展への参加、大学内外での教育活動を通じて、自己や他者への感受性・関係性をひらく場づくりを実践中。共著に『黒板とワイン――もう一つの学び場「三田の家」』、『メディア・リテラシー入門――視覚表現のためのレッスン』（慶應義塾大学出版会）、『いきるためのメディア――知覚・環境・社会の改編に向けて』（春秋社）など。http://sakakuralab.com

アカデミック・スキルズ
グループ学習入門
――学びあう場づくりの技法

2013年4月20日　初版第1刷発行
2022年12月26日　初版第5刷発行

監　修――――慶應義塾大学教養研究センター
著　者――――新井和広・坂倉杏介
発行者――――依田俊之
発行所――――慶應義塾大学出版会株式会社
　　　　　　　〒108-8346　東京都港区三田2-19-30
　　　　　　　TEL〔編集部〕03-3451-0931
　　　　　　　　〔営業部〕03-3451-3584〈ご注文〉
　　　　　　　　　〃　　　03-3451-6926
　　　　　　　FAX〔営業部〕03-3451-3122
　　　　　　　振替　00190-8-155497
　　　　　　　https://www.keio-up.co.jp/
装　丁――――廣田清子
印刷・製本――株式会社 太平印刷社

© 2013　Kazuhiro Arai, Kyosuke Sakakura
Printed in Japan　ISBN 978-4-7664-2039-5

慶應義塾大学出版会

アカデミック・スキルズ【第3版】
大学生のための知的技法入門

佐藤望 編著

湯川武・横山千晶・近藤明彦 著

大学生向け学習指南書のベスト＆ロングセラーを8年ぶりに改版。ノートの取り方や情報の整理法など、大学生の学習の基本を押さえた構成はそのままに、新しい情報通信環境の活用法を追加。弊社既刊『アカデミック・スキルズ』シリーズとの連携を強化。

A5判／並製／192頁
ISBN 978-4-7664-2656-4
定価1,100円（本体1,000円）
2020年2月刊行

◆主要目次◆

第3版の出版にあたって
第1章　アカデミック・スキルズとは
第2章　講義を聴いてノートを取る
第3章　情報収集の基礎—図書館とデータベースの使い方
第4章　本を読む—クリティカル・リーディングの手法
第5章　情報整理
第6章　研究成果の発表
第7章　プレゼンテーション（口頭発表）のやり方
第8章　論文・レポートをまとめる
附録　書式の手引き（初級編）